Máximas, pensamentos e ditos agudos

MACHADO DE ASSIS nasceu em 21 de junho de 1839, no Morro do Livramento, nos arredores do centro do Rio de Janeiro. Seu pai, Francisco José de Assis, era "pardo" e neto de escravos; sua mãe, Maria Leopoldina Machado, era açoriana. Ainda criança, perdeu a mãe e uma irmã, e, em 1851, o pai. Foi criado pela madrasta e cedo mostrou inclinação para as letras.

Começou a publicar poesia aos quinze anos, na *Marmota Fluminense*, e no ano seguinte entrou para a Imprensa Nacional, como aprendiz de tipógrafo. Aí conheceu Manuel Antônio de Almeida e mais tarde Francisco de Paula Brito, liberal e livreiro, para quem trabalhou como revisor e caixeiro. Passou então a colaborar em diversos jornais e revistas.

Publicou seu primeiro livro de poemas, *Crisálidas*, em 1864. *Contos fluminenses*, sua primeira coletânea de histórias curtas, saiu em 1870. Dois anos depois, veio a lume o primeiro romance, *Ressurreição*. Ao longo da década de 1870, publicaria mais três: *A mão e a luva*, *Helena* e *Iaiá Garcia*. Seu primeiro grande romance, no entanto, foi *Memórias póstumas de Brás Cubas*, publicado em 1881. *Papéis avulsos*, de 1882, foi sua primeira coletânea de contos dessa fase. Em 1889, publicou *Dom Casmurro*.

Em dezembro de 1881, com "Teoria do medalhão", começou a colaboração na *Gazeta de Notícias*. Ao longo de dezesseis anos, escreveria mais de quatrocentas crônicas para o periódico. Em 1897, foi eleito presidente da Academia Brasileira de Letras, instituição que ajudara a fundar no ano anterior.

Morreu em 29 de setembro de 1908, aos 69 anos de idade.

HÉLIO GUIMARÃES é professor na Universidade de São Paulo, pesquisador do CNPq e editor da *Machado de Assis em Linha — Revista Eletrônica de Estudos Machadianos*. É autor de *Machado de Assis, o escritor que nos lê* (Editora Unesp, 2017) e *Os leitores de Machado de Assis: O romance machadiano e o público de literatura no século XIX* (2. ed., Nankin/Edusp, 2012), entre outros livros e artigos.

Machado de Assis
Máximas, pensamentos e ditos agudos

Seleção e apresentação de
HÉLIO GUIMARÃES

COMPANHIA DAS LETRAS

Copyright © 2017 by Penguin-Companhia das Letras
Copyright da seleção apresentação © 2017 by Hélio Guimarães

Grafia atualizada segundo o Acordo Ortográfico da Língua
Portuguesa de 1990, que entrou em vigor no Brasil em 2009.

Penguin and the associated logo and trade dress are registered and/or
unregistered trademarks of Penguin Books Limited and/or
Penguin Group (USA) Inc. Used with permission.

Published by Companhia das Letras in association with
Penguin Group (USA) Inc.

REVISÃO
Ana Maria Barbosa
Jane Pessoa

Dados Internacionais de Catalogação na Publicação (CIP)
(Câmara Brasileira do Livro, SP, Brasil)

Assis, Machado de, 1839-1908
  Máximas, pensamentos e ditos agudos / Machado de Assis;
seleção e apresentação de Hélio Seixas Guimarães. — 1ª ed. —
São Paulo: Penguin Classics Companhia das Letras, 2017.

  Bibliografia
  ISBN 978-85-8285-063-3

  1. Assis, Machado de 1839-1908 – Crítica e interpretação
2. Crônicas – Coletâneas – Literatura 3. Escritores – Biografia
4. Pensamentos – Citações, máximas etc. I. Guimarães, Hélio
II. Título.

17-07581   CDD-869.9309

Índice para catálogo sistemático:
1. Machado de Assis : Literatura brasileira :
Crítica e interpretação 869.9309

[2017]
Todos os direitos desta edição reservados à
EDITORA SCHWARCZ S.A.
Rua Bandeira Paulista, 702, cj. 32
04532-002 — São Paulo — SP
Telefone: (11) 3707-3500
www.penguincompanhia.com.br
www.blogdacompanhia.com.br
www.companhiadasletras.com.br

[...] duas ou três citações mais, que um estilista
deve trazer sempre na algibeira
[Carta prefácio a *Névoas matutinas*,
24 de janeiro de 1872]

Sumário

Apresentação	9
O autor sobre si mesmo	13
O Rio de Janeiro e outras paragens	20
O Brasil e a política	26
Costumes e novidades do século	39
Letras, livros e leitores	46
O ofício de escrever	59
Vícios e virtudes	65
O tempo e outras passagens	71
Questões de vida e morte	77
A posteridade e a glória	82
Admirações	88
Frases ao acaso	96
Fontes consultadas	101

Apresentação

Este livro é composto de trechos selecionados da correspondência, das crônicas e dos textos críticos escritos por Machado de Assis durante meio século, de 1858 até as vésperas de sua morte, em 29 de setembro de 1908. Diferentemente de outros livros de citações, que incluem também frases pinçadas de romances, contos, peças de teatro e poemas, aqui optamos por considerar apenas seus textos não ficcionais, reunindo desde frases curtas até textos mais longos. Com isso, pensamos nos aproximar um pouco mais das Grandes Ideias de Machado de Assis, em acordo com o espírito desta coleção.

O conjunto dos trechos selecionados indica a posição do escritor diante das principais questões do seu tempo e lugar e dá mostra da agilidade, precisão e graça de sua escrita.

Divididos em assuntos, os excertos que compõem cada seção estão dispostos em ordem cronológica, de modo que o leitor poderá observar como o escritor tratou de determinado tópico ao longo do tempo. Assim, é possível verificar, a cada seção, como o jovem de opiniões impetuosas e um tanto sisudas vai cedendo espaço às meias-tintas e relativizações galhofeiras e também melancólicas da maturidade.

Embora tudo o que consta das próximas páginas tenha sido escrito por Machado de Assis, à exceção dos títulos das seções e do que vem entre colchetes [informações incluídas para fornecer referência ou contexto ao leitor], nem tudo corresponde obrigatoriamente à opinião do homem Joaquim Maria Machado de Assis.

Entre a expressão do escritor e as convicções do homem se interpõe a célebre ironia machadiana. Constitutiva dos textos ficcionais — neles, o isolamento de trechos e frases muitas vezes deixa o leitor sem contexto —, a ironia também incide sobre esses textos não ficcionais, em diferentes níveis e intensidades.

De modo que se recomenda ler com cuidado, não desprezando o que vai nas entrelinhas das Grandes Ideias machadianas sobre literatura, política, sociedade, vícios, virtudes, vida, morte, posteridade e glória. Muitas das frases são de uma espantosa atualidade, não porque o escritor previsse o futuro, mas porque entre o seu tempo e o nosso muita coisa permaneceu intacta, no Brasil e no mundo.

Inspirou-me na organização deste livro a opinião que o próprio Machado expressou em 30 de janeiro de 1870, na *Semana Ilustrada*, sobre um volume então recém-lançado de Moreira de Azevedo: "É uma coleção de anedotas, ditos agudos, curiosidades, máximas e pensamentos [...]. Livro despretensioso, mas interessante, e revelador dos estudos e fadigas a que se dá o autor nos assuntos da história pátria. [...] Nem todos calculam o trabalho que dá muitas vezes a composição de um livro como este *Mosaico brasileiro*; mas o autor acha boa paga na satisfação de ter feito um livro útil".

Assim como Machado, também espero que este seja um livro útil para os leitores, revelador do percurso de uma escrita e convite a outras leituras de Machado de Assis.

* * *

A tarefa de seleção dos trechos foi enormemente facilitada pelas recentes edições comentadas e fartamente anotadas da correspondência, das crônicas e dos escritos

APRESENTAÇÃO

críticos de Machado de Assis. Essas edições e seus respectivos organizadores estão referidos no final deste volume, na seção "Fontes consultadas", que serve de guia para conhecer melhor o contexto das frases aqui citadas, em edições fidedignas.

Os excertos estão transcritos conforme aparecem na melhor publicação que conhecemos do texto, o que às vezes exigiu o cotejo com a primeira publicação nos jornais e revistas do século XIX. Por isso, uma citação pode começar em letra minúscula e não ter pontuação final, já que se optou por não acrescentar nenhuma pontuação ao trecho extraído da publicação original. Logo após cada trecho transcrito, indicamos de onde foi extraído. No caso das crônicas e dos textos críticos, constam o nome da série ou seção, o título do jornal ou da revista e a data de publicação. No caso da correspondência, informamos sempre o destinatário e a data.

Por fim, agradeço a Ieda Lebensztayn e John Gledson pelas leituras atentas e sugestões precisas e preciosas.

O autor sobre si mesmo

É costume entre a gente trocar os bilhetes de visita a primeira vez que se encontra. Na Europa, ao menos, é tão necessário trazer um maço de bilhetes, como trazer um lenço. V. Excia. terá desejo de saber quem sou: di-lo-ei em poucas palavras.

Se a velhice quer dizer cabelos brancos, se a mocidade quer dizer ilusões frescas, não sou moço nem velho. Realizo literalmente a expressão francesa: *Un homme entre deux âges*. Estou tão longe da infância como da decrepitude; não anseio pelo futuro, mas também não choro pelo passado. Nisto sou exceção dos outros homens que, de ordinário, diz um romancista, passam a primeira metade da vida a desejar a segunda, e a segunda a ter saudades da primeira. [...]

Não sou votante nem eleitor, o que me priva da visita de algumas pessoas de consideração em certos dias, gozando aliás da estima deles no resto do ano, o que me é sobremaneira agradável. Ao mesmo tempo poupo-me às lutas da igreja e às corrupções da sacristia.

Não privo com as musas, mas gosto delas. Leio por instruir-me; às vezes por consolar-me. Creio nos livros e adoro-os. Ao domingo leio as *Santas Escrituras*; os outros dias são divididos por meia dúzia de poetas e prosadores da minha predileção; consagro a sexta-feira à Constituição do Brasil, e o sábado aos manuscritos que me dão para ler. Quer tudo isto dizer que à sexta-feira admiro os nossos maiores, e ao sábado durmo a sono solto. No tempo das câmaras leio com frequência o padre Vieira e o padre Bernardes, dois grandes mestres.

Quanto às minhas opiniões públicas, tenho duas, uma impossível, outra realizada. A impossível é a república de Platão. A realizada é o sistema representativo. É sobretudo como brasileiro que me agrada esta última opinião, e eu peço aos deuses (também creio nos deuses) que afastem do Brasil o sistema republicano porque esse dia seria o do nascimento da mais insolente aristocracia que o sol jamais alumiou...

Não frequento o paço, mas gosto do imperador. Tem as duas qualidades essenciais ao chefe de uma nação: é esclarecido e honesto. Ama o seu país e acha que ele merece todos os sacrifícios.

Aqui estão os principais traços da minha pessoa. Não direi a V. Excia. se tomo sorvetes, nem se fumo charutos de Havana; são ridiculezas que não devem entrar no espírito da opinião pública.

[“Cartas Fluminenses”, *Diário do Rio de Janeiro*,
5 de março de 1867]

Sabe que não sou político, nem advogo nenhum interesse militante. Vejo as coisas com a imparcialidade fria da razão. Amigo das instituições que nos legaram, admirador da vida política de Inglaterra desejo que se estabeleça entre nós por maneira estável o governo da opinião.

[*Imprensa Acadêmica*, 14 de agosto de 1868]

Infelizmente não disponho de tribuna, sou apenas um pobre-diabo, condenado ao lado prático das coisas; de mais a mais míope, cabeçudo e prosaico.

[“Notas Semanais”, *O Cruzeiro*,
16 de junho de 1878]

Aos vinte anos, começando a minha jornada por esta vida pública que Deus me deu, recebi uma porção de ideias feitas para o caminho. Se o leitor tem algum filho prestes a sair, faça-lhe a mesma coisa. Encha uma pequena mala com ideias e frases feitas, se puder, abençoe o rapaz, e deixe-o ir.

Não conheço nada mais cômodo. Chega-se a uma hospedaria, abre-se a mala, tira-se uma daquelas coisas, e os olhos dos viajantes faíscam logo, porque todos eles as conhecem desde muito, e creem nelas, às vezes mais do que em si mesmos. É um modo breve e econômico de fazer amizade.

Foi o que me aconteceu. Trazia comigo na mala e nas algibeiras uma porção dessas ideias definitivas, e vivi assim, até o dia em que ou por irreverência do espírito, ou por não ter mais nada que fazer, peguei de um quebra-nozes e comecei a ver o que havia dentro delas. Em algumas, quando não achei nada, achei um bicho feio e visguento.

["Balas de Estalo", *Gazeta de Notícias*, 3 de abril de 1885]

Ninguém sabe o que sou quando rumino. Posso dizer, sem medo de errar, que rumino muito melhor do que falo. A palestra é uma espécie de peneira, por onde a ideia sai com dificuldade, creio que mais fina, mas muito menos sincera. Ruminando, a ideia fica íntegra e livre. Sou mais profundo ruminando; e mais elevado também.

["Bons Dias!", *Gazeta de Notícias*, 21 de janeiro de 1889]

Eu não sou homem que recuse elogios. Amo-os; eles fazem bem à alma e até ao corpo. As melhores digestões da minha vida são as dos jantares em que sou brindado.

["A Semana", *Gazeta de Notícias*, 25 de setembro de 1892]

Houve sol, e grande sol, naquele domingo de 1888, em que o Senado votou a lei [da abolição da escravatura], que a regente sancionou, e todos saímos à rua. Sim, também eu saí à rua, eu o mais encolhido dos caramujos, também eu entrei no préstito, em carruagem aberta, se me fazem favor, hóspede de um gordo amigo ausente; todos respiravam felicidade, tudo era delírio. Verdadeiramente, foi o único dia de delírio público que me lembra ter visto.

["A Semana", *Gazeta de Notícias*, 14 de maio de 1893]

Já uma vez disse, e ora repito: não nasci para os estos do verão. Quem me quiser, é com invernos. Deus, se eu lhe merecesse alguma coisa, diria ao estio de cada ano: "Vai, estio, faze arder a tudo e a todos, menos o meu fiel servo, o semanista da *Gazeta*, não tanto pelas virtudes que o adornam e são dignas de apreço particular, como porque lhe dói suar e bufar, e os seus padecimentos afligiriam ao próprio céu". Mas Deus gosta de parecer, às vezes, injusto. Essa exceção, que não faria a mais ninguém, para não vulgar o benefício, mostraria ainda uma vez um ato de alta justiça divina. A exceção só é odiosa para os outros; em si mesma é necessária.

["A Semana", *Gazeta de Notícias*, 18 de fevereiro de 1894]

Não se importe de não ser alegre; também eu o não sou, ainda que pareça menos triste. Mas há em tudo um limite. Sacuda de si esse mal. A arte é um bom refúgio; perdoe a banalidade do dito em favor da verdade eterna.

[Carta a Magalhães de Azeredo, 3 de setembro de 1895]

Eu, posto creia no bem, não sou dos que negam o mal, nem me deixo levar por aparências que podem ser falazes. As aparências enganam; foi a primeira banalidade que aprendi na vida, e nunca me dei mal com ela. Daquela disposição nasceu em mim esse tal ou qual espírito de contradição que alguns me acham, certa repugnância em execrar sem exame vícios que todos execram, como em adorar sem análise virtudes que todos adoram. Interrogo a uns e a outros, dispo-os, palpo-os, e se me engano, não é por falta de diligência em buscar a verdade. O erro é deste mundo.

["A Semana", *Gazeta de Notícias*, 14 de junho de 1896]

Não achareis linha cética nestas minhas conversações dominicais. Se destes com alguma que se possa dizer pessimista, adverte que nada há mais oposto ao ceticismo. Achar que uma coisa é ruim, não é duvidar dela, mas afirmá-la. O verdadeiro cético não crê, como o Dr. Pangloss, que os narizes se fizeram para os óculos, nem, como eu, que os óculos é que se fizeram para os narizes; o cético verdadeiro descrê de uns e de outros. Que economia de vidros e de defluxos, se eu pudesse ter esta opinião!

["A Semana", *Gazeta de Notícias*, 28 de fevereiro de 1897]

[...] eu amo os meus defeitos, são talvez as minhas virtudes.

[Carta a Magalhães de Azeredo, 10 de janeiro de 1898]

A parte relativa ao que se achou de humorismo e pessimismo nos últimos livros é tratada com fina crítica, e acerta comigo, cuja natureza teve sempre um fundo antes melancólico que alegre. A própria timidez, ou o que quer que seja, me terá feito limitar ou dissimular a expressão verdadeira do meu sentir, sem contar que a experiência é vento mais propício a estas flores amarelas...

[Carta a Magalhães de Azeredo, 10 de maio de 1898]

Os anos, meu amigo, de certo ponto em diante andam muito depressa. Sabe quantos conto já? Entrei nos sessenta.

Não escrevo em algarismo para me não afligir a vista. Ponha sobre isto o constante e crescido trabalho administrativo, e diga-me se pode haver nestes ossos muito que espremer para a literatura. Feliz ou infelizmente, como é vício velho, vou cachimbando o meu pouco.

[Carta a Magalhães de Azeredo, 7 de novembro de 1899]

Sobre minha *verte vieillesse*, não sei se ainda é verde, mas velhice é, a dos anos e a do enfado, cansaço ou o que quer que seja que não é já mocidade primeira nem segunda.

[Carta a José Veríssimo, 5 de janeiro de 1900]

Eu gosto de catar o mínimo e o escondido. Onde ninguém mete o nariz, aí entra o meu, com a curiosidade estreita e aguda que descobre o encoberto.

["A Semana", *Gazeta de Notícias*, 11 de novembro de 1900]

Eu, apesar do pessimismo que me atribuem, e talvez seja verdadeiro, faço às vezes mais justiça à Natureza do que ela a nós. Não posso negar que ela respeita alguns dos melhores, e estou que os fere por descuido, mas logo se emenda e põe o bálsamo na ferida.

[Carta a Salvador de Mendonça, 29 de agosto de 1903]

Foi-se a melhor parte da minha vida, e aqui estou só no mundo. Note que a solidão não me é enfadonha, antes me é grata, porque é um modo de viver com ela, ouvi-la, assistir aos mil cuidados que essa companheira de 35 anos de casados tinha comigo; mas não há imaginação que não acorde, e a vigília aumenta a falta da pessoa amada.

[Carta a Joaquim Nabuco, 20 de novembro de 1904]

O que faço é não me mostrar a todos tal qual ando; muitos me acharão alegre e ainda bem.

[Carta a Mário de Alencar, 20 de abril de 1908]

[...] chegado ao fim da carreira é doce que a voz que nos anime a mesma voz antiga que nem a morte nem a vida fizeram calar.

[Carta a Salvador de Mendonça, 7 de setembro de 1908]

O Rio de Janeiro e outras paragens

O princípio social do Rio de Janeiro, como se sabe, é o doce de coco e a compota de marmelos.

["Notas Semanais", *O Cruzeiro*,
2 de junho de 1878]

[...] esse é o nome histórico, oficial, público e doméstico da boa cidade que me viu nascer, e me verá morrer, se Deus me der vida e saúde. O viajante estrangeiro, referindo-se ao erro que deu lugar ao nome desta cidade, admira-se de que haja sido conservado tão religiosamente, sendo tão simples emendá-lo. Que diria ele, se pudesse compreender a carência de eufonia de um nome tão áspero, tão surdo, tão comprido? Infelizmente — e nesta parte engana-se o viajante — o costume secular e a sanção do mundo consagraram de tal modo este nome, que seria bem árduo trocá-lo por outro, e bem audaz quem o propusesse seriamente.

Pela minha parte, folgaria muito se pudesse datar estas crônicas de Guanabara, por exemplo, nome simples, eufônico, e de algum modo histórico, espécie de vínculo entre os primeiros povoadores da região e seus atuais herdeiros. Guanabara tem, é certo, o pecado de cheirar a poesia, de ter sido estafado nos octossílabos que o romantismo expectorou entre 1844 e 1853; mas um banho de boa prosa limpava-o desse bolor, enrijava-lhe os músculos, punha-o capaz de resistir a cinco séculos de uso cotidiano.

["Notas Semanais", *O Cruzeiro*, 21 de julho de 1878]

Alvoroça-me a ideia de que vou encontrar Hesíodo ou Péricles, aí na primeira esquina; que a mulher que passa, às tardes, pela minha rua, guiando um carro descoberto, é uma hetaira de Mileto, trazida por um mercador de Naxos; que o que chamamos Alcazar é simplesmente o jardim dos peripatéticos. Verdade seja que as nossas ridículas calças...

["Notas Semanais", *O Cruzeiro*, 25 de agosto de 1878]

Eu fui a Vassouras há muitos anos, quando ali era juiz municipal o Calvet, e juiz de direito o Dario Callado. Na vila não havia então republicanos, não havia mesmo ninguém, exceto os dois magistrados, o vigário, o hospedeiro e eu. Ao domingo, o vigário reproduzia o milagre da multiplicação dos pães; para dizer missa, fazia de nós quatro umas cinquenta moças, muito lindas; mas, acabada a missa, voltávamos a ser cinco, ele, vigário, eu, o meu hospedeiro, o Dario e o Calvet.

["Bons Dias!", *Gazeta de Notícias*, 29 de junho de 1889]

Eu, se tivesse de dar *Hamlet* em língua puramente carioca, traduziria a célebre resposta do príncipe da Dinamarca: *Words, words, words*, por esta: *Boatos, boatos, boatos*.

["A Semana", *Gazeta de Notícias*, 23 de abril de 1893]

Vamos à rua do Ouvidor; é um passo. Desta rua ao *Diário de Notícias* é ainda menos. Ora, foi no *Diário de Notícias* que eu li uma defesa do alargamento da dita rua do Ouvidor — coisa que eu combateria aqui, se tivesse tempo e espaço. Vós que tendes a cargo o aformoseamento da cidade, alargai outras ruas, todas as ruas, mas deixai a do Ouvidor assim mesmo — uma viela, como lhe chama o *Diário*, — um canudo, como lhe chamava Pedro Luís. Há nela, assim estreitinha, um aspecto e uma sensação de intimidade. É a rua própria do boato. Vá lá correr um boato por avenidas amplas e lavadas de ar. O boato precisa do aconchego, da contiguidade, do ouvido à boca para murmurar depressa e baixinho, e saltar de um lado para outro. Na rua do Ouvidor, um homem que está à porta do Laemmert aperta a mão de outro que fica à porta do Crashley, sem perder o equilíbrio. Pode-se comer um sanduíche no Castelões e tomar um cálice de Madeira no Deroche, quase sem sair de casa. O característico desta rua é ser uma espécie de loja única, variada, estreita e comprida.

[“A Semana”, *Gazeta de Notícias*, 13 de agosto de 1893]

Há anos chegou aqui um viajante, que se relacionou comigo. Uma noite falamos da cidade e sua história; ele mostrou desejo de conhecer alguma velha construção. Citei-lhe várias; entre elas a igreja do Castelo e seus altares. Ajustamos que no dia seguinte iria buscá-lo para subir o morro do Castelo. Era uma bela manhã, não sei se de inverno ou primavera. Subimos; eu, para dispor-lhe o espírito, ia-lhe pintando o tempo em que por aquela mesma ladeira passavam os padres jesuítas, a cidade pequena, os costumes toscos, a devoção grande e sincera. Chegamos ao alto, a igreja estava aberta e entramos. Sei que não são ruínas de Atenas; mas cada um mostra o que possui. O viajante entrou, deu uma volta, saiu e foi postar-se junto à muralha, fitando o mar, o céu e as montanhas, e, ao cabo de cinco minutos: “Que natureza que vocês têm!”.

Certo, a nossa baía é esplêndida; e no dia em que a ponte que se vê em frente à Glória for acabada e tirar um gran-

MÁXIMAS, PENSAMENTOS E DITOS AGUDOS

de lanço ao mar para aluguéis, ficará divina. Assim mesmo, interrompida como está, a ponte dá-lhe graça. Mas, naquele tempo, nem esse vestígio do homem existia no mar: era tudo natureza. A admiração do nosso hóspede excluía qualquer ideia da ação humana. Não me perguntou pela fundação das fortalezas, nem pelos nomes dos navios que estavam ancorados. Foi só a natureza.

["A Semana", *Gazeta de Notícias*, 20 de agosto de 1893]

Eu, como gosto muito da minha Carioca, por maiores tachas que lhe ponham amo os que a amam também, e os que a bendizem. Terá defeitos esta minha boa cidade natal, reais ou fictícios, nativos ou de empréstimo; mas eu execro as perfeições.

["A Semana", *Gazeta de Notícias*, 21 de janeiro de 1894]

Quando nos despedimos no cais Pharoux, e que o vi afastar-se da praia, lembrei-me das muitas despedidas que tenho feito a amigos ou só conhecidos, que se vão e tornam, ou não tornam, conforme o programa deles, ou a decisão da sorte, que tanta vez corrige os nossos itinerários. Perdi assim velhos amigos. Não é provável que me arranque um dia daqui para ir ver coisas novas, posto que o desejo seja grande; desejo não vale resolução nem supre a possibilidade.

[Carta a Magalhães de Azeredo, 2 de fevereiro de 1895]

Ora, eu já li que os nervosos e melancólicos são pouco dados às viagens, enquanto que os sanguíneos as buscam por gosto e por necessidade. A observação é impossível de ser provada por estatísticas; mas a razão a aceita facilmente.

[Carta a Magalhães de Azeredo, 2 de fevereiro de 1895]

Muito se morre nesta vida, e especialmente nesta cidade. Não há, certamente, mais mortos que vivos, mas os mortos são muitos. Quanto às moléstias que os levam, crescendo com a civilização, fazem tão bem o seu ofício, que raro se dirá que matam de mentira. E tudo é preciso enterrar. Não chego a entender como outrora, e ainda neste século, chegavam as igrejas para guardar cadáveres. Os cemitérios vieram, cresceram, multiplicaram-se, e aí temos cinco ou seis dessas necrópolis, inclusive o cemitério dos ingleses, que eu já conhecia desde criança, como uma coisa muito particular. Dizia-se "o cemitério dos ingleses", como se dizia a "constituição inglesa", ou o "parlamento inglês" — uma instituição das ilhas britânicas.

["A Semana", *Gazeta de Notícias*, 30 de junho de 1895]

Alguns intrusos vingam-se em rir do que passou, datando o mundo em si, e crendo que o Rio de Janeiro começou depois da guerra do Paraguai. Os que não riem e respeitam a cidade que não conheceram, não têm a sensação direta e viva; é o mesmo que se lessem um quadro antigo que só intelectualmente nos transporta ao lugar e à cidade. Este Rio de Janeiro de hoje é tão outro do que era, que parece antes, salvo o número de pessoas, uma cidade de exposição universal. Cada dia espero que os adventícios saiam; mas eles aumentam, como se quisessem pôr fora os verdadeiros e antigos habitantes.

[Carta a Salvador de Mendonça, 22 de setembro de 1895]

[...] deu-me invejas pela descrição de Roma. Fala-me em lá ir, mas eu já agora tenho outra e única Roma, mais perto e mais eterna. Não creio já na possibilidade de ir ver o resto do mundo. Aqui nasci, aqui morrerei; terei conhecido apenas duas cidades, a de minha infância e a atual, que na verdade são bem diversas; fora destas, alguns lugares do interior, poucos. Há de adivinhar o pesar que me fica. A Itália dá-me não sei que reminiscências clássicas e românticas, que faz crescer o pesar de não haver pisado esse solo tão amassado de história e de poesia. Talvez algumas coisas não correspondam à imaginação; a mor parte delas há de excedê-la, e onde houver ruínas, quaisquer que sejam, há um mundo de coisas perenes e belas.

[Carta a Magalhães de Azeredo, 17 de novembro de 1896]

Eu sou um peco fruto da capital, onde nasci, vivo e creio que hei de morrer, não indo ao interior senão por acaso e de relâmpago, mas compreendo perfeitamente que prefira um campo a esse misto de roça e de cidade.

[Carta a José Veríssimo, 1º de dezembro de 1897]

Terei vivido e morrido neste meu recanto, velha cidade carioca, sabendo unicamente de oitiva e de leitura o que há por fora e por longe.

[Carta a Magalhães de Azeredo, 28 de julho de 1899]

Creio que nenhum dos meus contemporâneos deixou de ir ver terras alheias e diversas, onde a arte lhe deparasse vistas antigas e recentes, e costumes tão diversos destes. Só eu fiquei pegado à terra natal.

[Carta a Magalhães de Azeredo, 5 de novembro de 1900]

O Brasil e a política

Em nosso país a vulgaridade é um título, a mediocridade um brasão [...]

["Comentários da Semana", *Diário do Rio de Janeiro*,
1º de novembro de 1861]

A tela da atualidade política é uma paisagem uniforme; nada a perturba, nada a modifica. Dissera-se um país onde o povo só sabe que existe politicamente quando ouve o fisco bater-lhe à porta.

["Comentários da Semana", *Diário do Rio de Janeiro*,
1º de novembro de 1861]

Pretende Eugênio Pelletan que a mulher, com o andar dos tempos, há de vir a exercer no mundo um papel político. Sem entrar na investigação filosófica da profecia, a que dá uma tal ou qual razão a existência de certas mulheres da sociedade grega e da sociedade francesa, eu direi que é esse um fato que eu desejava ver realizado, em maior plenitude do que pensa o autor da *Profession de foi*. Eu quisera uma nação, onde a organização política e administrativa parassem nas mãos do sexo amável, onde, desde a chave dos poderes até o último lugar de amanuense, tudo fosse ocupado por essa formosa metade da humanidade. O sistema político seria eletivo. A beleza e o espírito seriam as qualidades requeridas para os altos cargos do Estado, e aos homens competiria exclusivamente o direito de votar.

[“Comentários da Semana”, *Diário do Rio de Janeiro*,
21 de novembro de 1861]

Mercê de Deus, não é capacidade que nos falta; talvez alguma indolência e certamente a mania de preferir o estrangeiro, eis o que até hoje tem servido de obstáculo ao desenvolvimento do nosso gênio industrial. E, pode-se dizê-lo, não é uma simples falta, é um pecado, ter um país tão opulento e esperdiçar os dons que ele nos oferece, sem nos prepararmos para essa existência pacífica de trabalho que o futuro prepara às nações.

[“Comentários da Semana”, *Diário do Rio de Janeiro*,
1º de dezembro de 1861]

O país real, esse é bom, revela os melhores instintos; mas o país oficial, esse é caricato e burlesco. A sátira de Swift nas suas engenhosas viagens cabe-nos perfeitamente. No que respeita à política nada temos a invejar ao reino de Liliput.

[“Comentários da Semana”, *Diário do Rio de Janeiro*,
29 de dezembro de 1861]

Hoje é necessário que alguma coisa assim satisfaça e entretenha o espírito público, desgostoso e enjoado com as misérias políticas de que nos dão espetáculo os homens que a aura da fortuna, ou o mau gênio das nações, colocou na direção, patente ou clandestina, das coisas do país.

Causa tédio ver como se caluniam os caracteres, como se deturpam as opiniões, como se invertem as ideias, a favor de interesses transitórios e materiais, e da exclusão de toda a opinião que não comunga com a dominante.

["Desgosto pela política", "Comentários da Semana", *Diário do Rio de Janeiro*, 22 de fevereiro de 1862]

É uma santa coisa a democracia — não a democracia que faz viver os espertos, a democracia do papel e da palavra — mas a democracia praticada honestamente, regularmente, sinceramente. Quando ela deixa de ser sentimento para ser simplesmente forma, quando deixa de ser ideia para ser simplesmente feitio, nunca será democracia — será espertocracia, que é sempre o governo de todos os feitios e de todas as formas.

["Ao Acaso", *Diário do Rio de Janeiro*, 24 de outubro de 1864]

Monsenhor Pinto de Campos começa por aconselhar o exílio do livro [*Vida de Jesus*, de Renan], e acaba por insinuar a queima dele. Na opinião de S. Revma. é o que devem fazer todos os *bons* católicos. Tal conselho nestes tempos de liberdade, nem mesmo provoca a indignação — é simplesmente ridículo.

["Ao Acaso", *Diário do Rio de Janeiro*, 8 de novembro de 1864]

Não, eu não sou dos que acham que os poetas são incapazes para a política. O que penso é que os poetas deviam evitar descer a estas coisas tão baixas, deviam pairar constantemente nas montanhas e nos cedros — como condores que são.

["Ao Acaso", *Diário do Rio de Janeiro*, 22 de novembro de 1864]

[...] a diplomacia é a arte de gastar palavras, perder tempo, estragar papel, por meio de discussões inúteis, delongas e circunlocuções desnecessárias e prejudiciais.

Balzac, notando um dia que os marinheiros quando andam em terra bordejam sempre, encontrou nisso a razão de se irem empregando alguns homens do mar na arte diplomática.

Donde se conclui que o marinheiro é a crisálida do diplomata.

[“Ao Acaso”, *Diário do Rio de Janeiro*,
24 de janeiro de 1865]

Que um homem sincero, convencido, patriota, tome a pena e entre na arena política — se ele quiser pôr a consciência acima dos interesses privados, a razão acima das conveniências pessoais, verá erguer-se contra si toda a frandulagem política desta terra, e mais de uma vez a ideia do dever e o sentimento de pesar lutarão na consciência do escritor.

[“Ao Acaso”, *Diário do Rio de Janeiro*,
28 de março de 1865]

Um dos defeitos mais gerais entre nós é achar sério o que é ridículo, e ridículo o que é sério. Pois o tato para acertar nestas coisas é também uma virtude do povo.

[“Ao Acaso”, *Diário do Rio de Janeiro*,
28 de março de 1865]

A soberania nacional é a coisa mais bela do mundo, com a condição de ser soberania e de ser nacional.

[“História de Quinze Dias”, *Ilustração Brasileira*,
1º de outubro de 1876]

Não há meio de dar hoje dois passos, entre políticos, sem ouvir: — V. é direto ou indireto? — Eu sou direto. — Mas sem reforma constitucional? — Sem reforma. — Eu sou com reforma. — Questão de forma. — Pois eu sou indireto. — Como? Tudo o que é mais indireto neste mundo; tão indireto como Deus Nosso Senhor, que escreve direito por linhas tortas; Deus é indireto.

["História de Quinze Dias", *Ilustração Brasileira*, 10 de abril de 1877]

Tem barreiras a filosofia; a ciência política acha um limite na testa do capanga.

["Notas Semanais", *O Cruzeiro*, 2 de junho de 1878]

Tal é a nossa concepção da legalidade: um guarda-chuva escasso, que, não dando para cobrir a todas as pessoas, apenas pode cobrir as nossas [...]

["Notas Semanais", *O Cruzeiro*, 16 de junho de 1878]

O meio certo de obter a adesão das vacas e tainhas é devorá-las imparcialmente, sem exclusões odiosas nem preferências mal cabidas.

["Notas Semanais", *O Cruzeiro*, 23 de junho de 1878]

A metáfora é um abscesso nas organizações políticas; convém rasgá-lo ou resolvê-lo, e voltarmos à frase sadia e nua: pão, pão; queijo, queijo.

["Notas Semanais", *O Cruzeiro*, 30 de junho de 1878]

A primeira convicção política incutida em meu espírito foi que o município não tinha recursos, e que por esse motivo andava descalçado, ou devia o calçado; convicção que me acompanhou até hoje. A frase — escassez das rendas municipais — há muito tempo que nenhum tipógrafo a compõe; está já estereotipada e pronta, para entrar no período competente, quando alguém articula as suas ideias acerca dos negócios locais. Imaginei sempre que todas as rendas da Câmara podiam caber na minha carteira, que é uma carteirinha de moça. Vai senão quando, a Câmara ordena que se lhe compre uma arca, e recomenda que seja forte, deita fora as suas muletas de mendiga, erige o corpo, como um Sisto v, e, como um primo Basílio, tilinta as chaves da burra nas algibeiras. Diógenes batiza-se Creso: a cigarra virou formiga.

["Notas Semanais", *O Cruzeiro*, 21 de julho de 1878]

[...] não nego que a cabeçada é uma maneira literal de persuadir. Em vez de levar um argumento pela língua, leva-se pela testa, supondo-se que a língua fala somente ao ouvido, e o ouvido vai ter ao estômago. O que não é exato. Um pouco de anatomia pode substituir com vantagem a eleição direta.

["Notas Semanais", *O Cruzeiro*, 28 de julho de 1878]

Defender o código em novembro e desfeiteá-lo em março, abraçar a lei na quinta-feira e mandá-la à tábua no domingo e isto sem gradação, mas de um salto, como se muda de sobrecasaca, é um fenômeno curioso, digno da meditação do filósofo.

["Notas Semanais", *O Cruzeiro*, 18 de agosto de 1878]

Dize-me com quem comes, dir-te-ei com quem votas.

["Notas Semanais", *O Cruzeiro*, 25 de agosto de 1878]

[...] trabalhar de graça não é uma ideia, ou é uma triste ideia. Um deputado pode ser excelente, sem ser gratuito. Creio até que as leis saiam mais perfeitas quando o legislador não tenha de pensar no jantar do dia seguinte.

["Notas Semanais", *O Cruzeiro*,
25 de agosto de 1878]

Não há muito quem brade contra a centralização política e administrativa? É uma flor de retórica de todo o discurso de estreia; um velho bordão; uma perpétua chapa. Raros veem que a centralização não se operou ao sabor de alguns iniciadores, mas porque era um efeito inevitável de causas preexistentes. Supõe-se que ela matou a vida local, quando a falta de vida local foi um dos produtores da centralização.

["Notas Semanais", *O Cruzeiro*, 1º de setembro de 1878]

Há uma série de fatores, que a lei não substitui, e esses são o estado mental da nação, os seus costumes, a sua infância constitucional...

["Notas Semanais", *O Cruzeiro*,
1º de setembro de 1878]

[...] esta máxima, que é tudo o que tenho colhido da história e da política, e que aí dou por dois vinténs a todos os que governam este mundo: os adjetivos passam, e os substantivos ficam.

["Balas de Estalo", *Gazeta de Notícias*,
16 de maio de 1885]

Assim como um governo sem equidade só se pode manter em um povo igualmente sem equidade (segundo um mestre), assim também um parlamento remisso só pode medrar em sociedade remissa. Não vamos crer que todos nós, exceto os legisladores, fazemos tudo a tempo. Que diria o sol, que nos deu a rede e o fatalismo?

["Balas de Estalo", *Gazeta de Notícias*, 10 de julho de 1885]

As leis reformam-se sem risco; mas torcer a natureza não é reformá-la, é deformá-la.

["Balas de Estalo", *Gazeta de Notícias*,
6 de novembro de 1885]

Pátria brasileira (esta comparação é melhor) é como se disséssemos manteiga nacional, a qual pode ser excelente, sem impedir que outros façam a sua. Se a nova fábrica já está *montada* (estilo dos estatutos de companhias e dos anúncios de teatros), faça a sua manteiga, segundo lhe parecer, e, para falar pela língua argentina, vizinha dela e nossa: *con su pan se la coma.*

["A Semana", *Gazeta de Notícias*, 8 de maio de 1892]

Eu, mal chegava ao Senado, estava com os anjos. Tumulto, saraivada grossa, caluniador para cá, caluniador para lá, eis o que pode manter o interesse de um debate. E que é a vida senão uma troca de cachações?

["A Semana", *Gazeta de Notícias*, 27 de novembro de 1892]

A liberdade não é surda-muda, nem paralítica. Ela vive, ela fala, ela bate as mãos, ela ri, ela assobia, ela clama, ela vive a vida.

["A Semana", *Gazeta de Notícias*, 27 de novembro de 1892]

[...] liberdade, antes confusa, que nenhuma.

["A Semana", *Gazeta de Notícias*, 27 de novembro de 1892]

Como faremos eleições puras, se falsificamos o café, que nos sobra? Espírito da fraude, talento da embaçadela, vocação da mentira, força é engolir-vos também de mistura com a honestidade de tabuleta.

["A Semana", *Gazeta de Notícias*, 4 de dezembro de 1892]

Corrupção escondida vale tanto como pública; a diferença é que não fede. Que é que se ganha em processar? Fulano corrompeu Sicrano. Pedro e Paulo uniram-se para embaçar uma rua inteira, fizeram vinte discursos, trinta anúncios, e deixaram os ouvintes sem dinheiro nem nada. Que valem demandas? Dinheiro não volta; ao passo que o silêncio, além de ser ouro, conforme o adágio árabe, tem a vantagem de fazer esquecer mais depressa. Toda a questão é que os empulhados não se deixem embair outra vez pelos empulhadores.

["A Semana", *Gazeta de Notícias*, 25 de dezembro de 1892]

Pessoas há que acham palavras duras contra a inobservância de um decreto federal, e, ao dobrar a primeira esquina, infringem tranquilamente o mais simples estatuto do município. O sentimento da legalidade, vibrante como oposição, não o é tanto como simples dever do indivíduo.

["A Semana", *Gazeta de Notícias*, 21 de janeiro de 1894]

Rei sem súditos! Oh! sonho sublime! imaginação única! Rei sem ter a quem governar, nem a quem ouvisse, sem petições, nem aborrecimentos. Não haveria partido que me atacasse, que me espiasse, que me caluniasse, nem partido que me bajulasse, que me beijasse os pés, que me chamasse sol radiante, leão indômito, cofre de virtude, o ar e a vida do universo. Quando me nascesse uma espinha na cara, não haveria uma corte inteira para me dizer que era uma flor, uma açucena, que todas as pessoas bem constituídas usavam por enfeite; nenhum, mais engenhoso que os outros, acrescentaria: "Senhor, a natureza também tem as suas modas". Se eu perdesse um pé, não teria o desprazer de ver coxear os meus vassalos.

["A Semana", *Gazeta de Notícias*, 11 de março de 1894]

Não nos aflijamos se o socialismo apareceu na China primeiro que no Brasil. Cá virá a seu tempo.

["A Semana", *Gazeta de Notícias*, 15 de abril de 1894]

Chamfort, no século XVIII, deu-nos a célebre definição da sociedade, que se compõe de duas classes, dizia ele, uma que tem mais apetite que jantares, outra que tem mais jantares que apetite.

["A Semana", *Gazeta de Notícias*, 6 de janeiro de 1895]

Se não prestavam para nada, não seriam reeleitos; mas supondo que o fossem, quem pode impedir que o povo queira ser mal governado? É um direito anterior e superior a todas as leis. Assim se perde a liberdade. Hoje impedem-me de meter um pulha na intendência, amanhã proíbem-me andar com o meu colete de ramagens, depois de amanhã decreta-se o figurino municipal.

["A Semana", *Gazeta de Notícias*, 6 de janeiro de 1895]

Nem há razão para não amiudar as eleições, fazê-las algumas vezes semestrais, bimensais, mensais, quinzenais, e, tal seja a pouquidade do cargo, semanais. O espírito público ficará deslocado; a opinião será regulada pelos lucros, e dir-se-á que os princípios de um partido nos últimos dois anos têm sido mais favorecidos pela Fortuna que os princípios adversos. Que mal há nisso? Os antigos não se regeram pela Fortuna? Gregos e romanos, homens que valeram alguma coisa, confiavam a essa deusa o governo da República. Um deles (não sei qual) dizia que três poderes governam este mundo: Prudência, Força e Fortuna. Não podendo eliminar esta, regulemo-la.

["A Semana", *Gazeta de Notícias*, 24 de março de 1895]

Os partidos formam-se pela comunhão das ideias, e duram pela constância das convicções. Se a vista de um fato, a audiência de um discurso, bastassem para mudar as opiniões de uma pessoa, onde estariam os partidos? Há pessoas que se persuadem com muito pouco, e mudam de acampamento, mas é com o direito implícito de tornar ao primeiro, ou ir a outro, logo que as despersuadam da ideia nova. São casos raros de filosofia. O geral é persistir. Dai às pedras de uma muralha a faculdade de trocar de atitude, e não tereis já muralha, mas um acervo de fragmentos.

["A Semana", *Gazeta de Notícias*, 19 de maio de 1895]

A política deixa tal unhada no espírito, que é difícil esquecê-la de todo, mormente aqueles a quem lhes nasceram os dentes nela.

["A Semana", *Gazeta de Notícias*, 15 de dezembro de 1895]

Eu julgo as coisas pelas palavras que as nomeiam, e basta ser partido para não ser inteiro.

["A Semana", *Gazeta de Notícias*, 22 de dezembro de 1895]

Aqui vai agora como eu separo as liberdades teóricas das liberdades práticas. A liberdade pode ser comparada às calças que usamos. Virtualmente existe em cada corte de casimira um par de calças; se o compramos, as calças são nossas. Mas é mister talhá-las, alinhavá-las, prová-las, cosê-las e passá-las a ferro, antes de se vestir. Ainda assim há tais que podem sair mais estreitas do que a moda e a graça requerem. Daí esse paralelismo da liberdade do voto e da limitação dos criados e das bestas. É a liberdade alinhavada. Não se viola nenhum direito; trabalha-se na oficina. Prontas as calças, é só vesti-las e ir passear.

[“A Semana”, *Gazeta de Notícias*, 10 de maio de 1896]

Se as dores humanas se esquecem, como se não hão de esquecer as leis?

[“A Semana”, *Gazeta de Notícias*, 26 de julho de 1896]

A lei escrita pode ser obra de uma ilusão, de um capricho, de um momento de pressa, ou qualquer outra causa menos ponderável; o uso, por isso mesmo que tem o consenso diuturno de todos, exprime a alma universal dos homens e das coisas.

[“A Semana”, *Gazeta de Notícias*, 25 de outubro de 1896]

As reformas vêm, não vêm, redigem-se, emendam-se, copiam-se, propõem-se, aceitam-se, vão cumprir-se e não se cumprem. Vereis que ainda caem como as reformas cubanas, que, depois de tanto sangue derramado, vieram pálidas e mofinas. Ninguém as quer, e o ferro e o fogo continuam a velha obra. Assim se vai fazendo a história, com aparência igual ou vária, mediante a ação de leis, que nós pensamos emendar, quando temos a fortuna de vê-las. Muita vez não as vemos, e então imitamos Penélope e o seu tecido, desfazendo de noite o que fazemos de dia, enquanto outro tecelão maior, mais alto ou mais fundo e totalmente invisível compõe os fios de outra maneira, e com tal força que não podemos desfazer nada. Sucede que, passados tempos, o tecido esfarrapa-se e nós, que trabalhávamos em rompê-lo, cuidamos que a obra é nossa. Na verdade, a obra é nossa, mas é porque somos os dedos do tecelão; o desenho e o pensamento são dele, e presumindo empurrar a carroça, o animal é que a tira do atoleiro, um animal que somos nós mesmos... Mas aí me embrulho eu, e estou quase a perder-me em filosofias grossas e banais. Oh! banalíssimas!

["A Semana", *Gazeta de Notícias*,
21 de fevereiro de 1897]

A diplomacia é uma bela arte, uma nobre e grande arte; o único defeito que há nas suas admiráveis teias de aranha é que uma bala fura tudo, e a vontade de um povo, se algum santo entusiasmo lhe aquece as veias, pode esfrangalhar as mais finas obras da astúcia humana.

["A Semana", *Gazeta de Notícias*,
21 de fevereiro de 1897]

[...] os partidos nunca se entenderam bem acerca das causas imediatas da própria queda ou subida, salvo no ponto de serem alternadamente a violação ou a restauração da carta constitucional [...]

["O velho Senado", *Revista Brasileira*, 1898]

Costumes e novidades do século

Este moer contínuo do espírito que faz da inteligência uma fábrica de Manchester, repugna à natureza da própria intelectualidade. Fazer do talento uma máquina, e uma máquina de obra grossa movida pelas probabilidades financeiras do resultado, é perder a dignidade do talento, e o pudor da consciência.

["Os fanqueiros literários", *O Espelho*,
11 de setembro de 1859]

O boato é um ente invisível e impalpável, que fala como um homem, que está em toda a parte e em nenhuma, que ninguém vê donde surge, nem onde se esconde, que traz consigo a célebre lanterna dos contos arábicos, a favor da qual avantaja-se em poder e prestígio, a tudo o que é prestigioso e poderoso.

["Comentários da Semana", *Diário do Rio de Janeiro*,
7 de janeiro de 1862]

O boato é a telegrafia da mentira.

["Ao Acaso", *Diário do Rio de Janeiro*,
14 de novembro de 1864]

É que o boato — não me refiro ao boato das simples notícias que envolvem caráter público e interesse comum — é uma das mais cômodas invenções humanas, porque encerra todas as vantagens da maledicência, sem os inconvenientes da responsabilidade.

["Ao Acaso", *Diário do Rio de Janeiro*,
14 de novembro de 1864]

Os que estimam sinceramente o sistema de liberdade de que gozamos, não deixam de doer-se do modo por que se vai abusando entre nós da liberdade de imprensa.

Se esta liberdade for em progresso crescente, não faltará um dia quem suspire por outro sistema que, encadeando o pensamento, impeça ao mesmo tempo a desenvoltura da palavra, o reinado da calúnia, o entrudo da injúria, todas essas armas da covardia e da impotência, assestadas contra a honestidade, a independência e a coragem cívica.

Esta observação não é nova, mas ela tem agora uma triste oportunidade.

["Ao Acaso", *Diário do Rio de Janeiro*,
28 de março de 1865]

Companhia Literária! Veja o leitor que ligação de vocábulos.

["História de Quinze Dias", *Ilustração Brasileira*,
1º de setembro de 1876]

E esse interessante quadrúpede [o burro] olhava para o bonde com um olhar cheio de saudade e humilhação. Talvez rememorava a queda lenta do burro, expelido de toda a parte pelo vapor, como o vapor o há de ser pelo balão, e o balão pela eletricidade, a eletricidade por uma força nova, que levará de vez este grande trem do mundo até à estação terminal.

> ["História de Quinze Dias", *Ilustração Brasileira*,
> 15 de março de 1877]

Venha, venha o voto feminino; eu o desejo, não somente porque é ideia de publicistas notáveis, mas porque é um elemento estético nas eleições, onde não há estética.

> ["História de Quinze Dias", *Ilustração Brasileira*,
> 10 de abril de 1877]

Provavelmente o leitor já teve notícia do microfone, um instrumento que dá maior intensidade ao som e permite ouvir, ao longe, muito longe, até o voo de um mosquito. Leram bem: um mosquito. Não tarda outro que nos faça ouvir o germinar de uma planta e até o alvorecer de uma ideia. Talvez cheguemos à perfeição de escutar o silêncio.

> ["Notas Semanais", *O Cruzeiro*,
> 23 de junho de 1878]

Hoje há muito sapato inglês, muita patinação, muita opereta, muita coisa peregrina, que tirou à nossa população a rusticidade e o encanto de outros tempos.

> ["Notas Semanais", *O Cruzeiro*, 18 de agosto de 1878]

Poeira nos olhos é a regra máxima de um tempo que vive menos da realidade que da opinião.

> ["Notas Semanais", *O Cruzeiro*,
> 25 de agosto de 1878]

Há um falar e dois entenderes, costuma dizer o povo, e não diz tudo, porque a verdade é que há um falar e dois, cinco ou mais entenderes, segundo os casos.

["Balas de Estalo", *Gazeta de Notícias*,
3 de março de 1885]

Oh! se todos ficássemos calados! Que imensidade de belas e grandes ideias! Que saraus excelentes! Que sessões de câmaras! Que magníficas viagens de bondes!

["Bons Dias!", *Gazeta de Notícias*, 21 de janeiro de 1889]

[...] assim como em França *tout finit par des chansons*, cá em nossa terra *tout finit par des polcas*. Os bailes não se adiam, e fazem bem.

["Bons Dias!", *Gazeta de Notícias*, 26 de janeiro de 1889]

Eu, quando vejo um ou dois assuntos puxarem para si todo o cobertor da atenção pública, deixando os outros ao relento, dá-me vontade de os meter nos bastidores, trazendo à cena tão somente a arraia-miúda, as pobres ocorrências de nada, a velha anedota, o sopapo casual, o furto, a facada anônima, a estatística mortuária, as tentativas de suicídio, o cocheiro que foge, o noticiário, em suma.

["A Semana", *Gazeta de Notícias*, 10 de julho de 1892]

Há ocasiões em que, neste fim de século, penso o que pensava há mil e quatrocentos anos um autor eclesiástico, isto é, que o mundo está ficando velho. Há outras ocasiões em que tudo me parece verde em flor.

["A Semana", *Gazeta de Notícias*, 4 de dezembro de 1892]

[O carnaval] Nasceu um pouco por decreto, para dar cabo do entrudo, costume velho, datado da colônia e vindo da metrópole. Não pensem os rapazes de vinte e dois anos que o entrudo era alguma coisa semelhante às tentativas de ressurreição, empreendidas com bisnagas. Eram tinas d'água, postas na rua ou nos corredores, dentro das quais metiam à força um cidadão todo — chapéu, dignidade e botas. Eram seringas de lata; eram limões de cera. Davam-se batalhas porfiadas de casa a casa, entre a rua e as janelas, não contando as bacias d'água despejadas à traição. Mais de uma tuberculose caminhou em três dias o espaço de três meses. Quando menos, nasciam as constipações e bronquites, rouquidões e tosses, e era a vez dos boticários, porque, naqueles tempos infantes e rudes, os farmacêuticos ainda eram boticários.

["A Semana", *Gazeta de Notícias*, 12 de fevereiro de 1893]

[...] todas as crenças se confundem neste fim de século sem elas.

["A Semana", *Gazeta de Notícias*, 19 de março de 1893]

Os desconcertos da vida não têm outra origem, senão o contraste dos homens e das casacas. Há casacas justas, bem postas, bem caídas, que valem o preço do aluguel; mas a grande maioria delas divergem dos corpos, e porventura os afligem. A dança dissimula o aspecto dos homens e faz esquecer por instantes o constrangimento e o tédio. Acresce que o uso tem grande influência, acabando por acomodar muitos homens à sua casaca.

["A Semana", *Gazeta de Notícias*, 11 de junho de 1893]

Tudo está na China.

["A Semana", *Gazeta de Notícias*, 15 de abril de 1894]

Há uma chuva de abismos; a imagem não é boa, mas que há bom neste século, minha senhora, excluindo a ocupação do Egito?

["A Semana", *Gazeta de Notícias*, 16 de setembro de 1894]

Desconfiai de doutrinas que nascem à maneira de Minerva, completas e armadas. Confiai nas que crescem com o tempo.

["A Semana", *Gazeta de Notícias*, 23 de setembro de 1894]

A banalidade repete-se de século a século, e irá até à consumação dos séculos; não é folha que perca o viço.

["A Semana", *Gazeta de Notícias*, 30 de dezembro de 1894]

Há ideias que só podem nascer na cabeça de um norte--americano.

["A Semana", *Gazeta de Notícias*, 20 de outubro de 1895]

A homeopatia é o protestantismo da medicina [...]

["A Semana", *Gazeta de Notícias*, 19 de janeiro de 1896]

O amor livre não é precisamente o que supões — um amor a *carnet* e lápis, como nos bailes se marcam as valsas e quadrilhas, até acabar no cotilhão. Esse será o amor libérrimo: durará três compassos. O amor livre acompanha os estados da alma; pode durar cinco anos, pode não passar de seis meses, três semanas ou duas. Aos valsistas plena liberdade. O divórcio, que o Senado fez cair agora, será remédio desnecessário. Nem divórcio nem consórcio.

["A Semana", *Gazeta de Notícias*, 2 de agosto de 1896]

As descobertas últimas são estupendas; tiram-se retratos de ossos e de fetos. Há muito que os espíritas afirmam que os mortos escrevem pelos dedos dos vivos. Tudo é possível neste mundo e neste final de um grande século.

[“A Semana”, *Gazeta de Notícias*, 13 de setembro de 1896]

Certo, nós amamos as celebridades de um dia, que se vão com o sol, e as reputações de uma rua que acabou ao dobrar da esquina. Vá que brilhem; os vaga-lumes não são menos poéticos por serem menos duradouros; com pouco fazem de estrelas. Tudo serve para nos cortejarmos uns aos outros.

[“A Semana”, *Gazeta de Notícias*, 4 de outubro de 1896]

É um século fatigado. As forças que despendeu, desde princípio, em aplaudir e odiar, foram enormes. Junta a isso as revoluções, as anexações, as dissoluções e as invenções de toda casta, políticas e filosóficas, artísticas e literárias, até as acrobáticas e farmacêuticas, e compreenderás que é um século esfalfado.

[“A Semana”, *Gazeta de Notícias*, 28 de fevereiro de 1897]

Quanto ao século, os médicos que estão presentes ao parto, reconhecem que este é difícil, crendo uns que o que aparece é a cabeça do xx, e outros que são ainda os pés do xix. Eu sou pela cabeça, como sabe.

[Carta a José Veríssimo, 5 de janeiro de 1900]

Letras, livros e leitores

[...] é mais fácil regenerar uma nação, que uma literatura. Para esta não há gritos de Ipiranga; as modificações operam-se vagarosamente; e não se chega em um só momento a um resultado.

["O passado, o presente e o futuro da literatura",
A Marmota, abril de 1858]

A arte entre nós foi sempre órfã [...]

["Ideias sobre o teatro", *O Espelho*,
25 de setembro e 2 de outubro de 1859]

O teatro é para o povo o que o *Coro* era para o antigo teatro grego; uma iniciativa de moral e civilização.

["Ideias sobre o teatro", *O Espelho*,
25 de setembro e 2 de outubro de 1859]

Não subscrevo, em sua totalidade, as máximas da escola realista, nem aceito, em toda a sua plenitude, a escola das abstrações românticas; admito e aplaudo o drama como a forma absoluta do teatro, mas nem por isso condeno as cenas admiráveis de Corneille e Racine.

["Revista Dramática", *Diário do Rio de Janeiro*,
29 de março de 1860]

Pode dizer-se que o nosso movimento literário é dos mais insignificantes possíveis. Poucos livros se publicam e ainda menos se leem. Aprecia-se muito a leitura superficial e palhenta, do mal travado e bem acidentado romance, mas não passa daí o pecúlio literário do povo.

["Comentários da Semana", *Diário do Rio de Janeiro*, 24 de março de 1862]

[...] *poeta de poesia*, expressão esta que não deve causar estranheza a quem reparar que há *poetas de palavras* [...]

[*O Futuro*, 15 de setembro de 1862]

[...] esta glorificação dos instintos [sobre o amor incestuoso], a despeito da vitória que lhe dê o favor público, nada tem com a arte elevada e delicada. É inteiramente uma aberração, que, como tal, não merece os cuidados do poeta e as tintas da poesia.

["Conversas Hebdomadárias", *Diário do Rio de Janeiro*, 24 de agosto de 1863]

As obras imortais de todos os séculos não devem a sua imortalidade exatamente ao fato de tomarem seus caracteres entre os tipos gerais?

[*Imprensa Acadêmica*, 17 de abril de 1864]

Cabe aqui a máxima de La Rochefoucauld a respeito de quem corre atrás do espírito.

Não corramos nós, leitor, atrás dele; entremos na casa onde se vende impresso, brochado e encadernado, o espírito de todos os homens, mortos e vivos, poetas e historiadores, clássicos ou românticos: vamos à livraria.

["Ao Acaso", *Diário do Rio de Janeiro*, 1º de agosto de 1864]

[...] o folhetim é como os gatos: acaricia arranhando.

["Ao Acaso", *Diário do Rio de Janeiro*,
5 de setembro de 1864]

Ler as obras dos poetas e dos escritores é hoje um dos poucos prazeres que se nos deixa ao espírito, em um tempo em que a prosa estéril e tediosa vai substituindo toda a poesia da alma e do coração.

["Ao Acaso", *Diário do Rio de Janeiro*,
10 de outubro de 1864]

Uma nota diplomática é semelhante a uma mulher da moda. Só depois de se despojar uma elegante de todas as fitas, rendas, joias, saias e corpetes, é que se encontra o exemplar *não correto nem aumentado* da edição da mulher, conforme saiu dos prelos da natureza. É preciso desataviar uma nota diplomática de todas as frases, circunlocuções, desvios, adjetivos e advérbios, para tocar a ideia capital e a intenção que lhe dá origem.

["Ao Acaso", *Diário do Rio de Janeiro*,
24 de janeiro de 1865]

[...] os caracteres verdadeiros e os sentimentos humanos estão acima da veracidade rigorosa dos fatos.

["Ao Acaso", *Diário do Rio de Janeiro*,
24 de junho de 1865]

Se a delicadeza das maneiras é um dever de todo homem que vive entre homens, com mais razão é um dever do crítico, e o crítico deve ser delicado por excelência.

["O ideal do crítico", *Diário do Rio de Janeiro*,
8 de outubro de 1865]

É preciso que o crítico seja tolerante, mesmo no terreno das diferenças de escola: se as preferências do crítico são pela escola romântica, cumpre não condenar, só por isso, as obras-primas que a tradição clássica nos legou, nem as obras meditadas que a musa moderna inspira; do mesmo modo devem os clássicos fazer justiça às boas obras dos românticos e dos realistas, tão inteira justiça, como estes devem fazer às boas obras daqueles. Pode haver um homem de bem no corpo de um maometano, pode haver uma verdade na obra de um realista.

["O ideal do crítico", *Diário do Rio de Janeiro*, 8 de outubro de 1865]

A opinião que devia sustentar o livro, dar-lhe voga, coroá-lo enfim no Capitólio moderno, essa, como os heróis de Tácito, brilha pela sua ausência. Há um círculo limitado de leitores; a concorrência é quase nula, e os livros aparecem e morrem nas livrarias. Não dizemos que isso aconteça com todos os livros, nem com todos os autores, mas a regra geral é essa.

["Semana Literária", *Diário do Rio de Janeiro*, 9 de janeiro de 1866]

Houve um dia em que a poesia brasileira adoeceu do mal *byrônico*; foi grande a sedução das imaginações juvenis pelo poeta inglês; tudo concorria nele para essa influência dominadora: a originalidade da poesia, a sua doença moral, o prodigioso do seu gênio, o romanesco da sua vida, as noites de Itália, as aventuras de Inglaterra, os amores da Guicioli, e até a morte na terra de Homero e de Tibulo. Era, por assim dizer, o último poeta; deitou fora um belo dia as insígnias de *noble lord*, desquitou-se das normas prosaicas da vida, fez-se romance, fez-se lenda, e foi imprimindo o seu gênio e sua individualidade em criações singulares e imorredouras.

["Semana Literária", *Diário do Rio de Janeiro*,
6 de fevereiro de 1866]

Pouca coisa nos aflige porque pouca coisa nos consola, dizia Pascal, e os poetas, mais que os outros homens, realizam esta observação do filósofo.

["Folhetim", *Diário do Rio de Janeiro*,
22 de fevereiro de 1866]

As formas poéticas podem modificar-se com o tempo, e é essa a natureza das manifestações da arte; o tempo, a religião e a índole influem no desenvolvimento das formas poéticas, mas não as aniquilam completamente; a tragédia francesa não é a tragédia grega, nem a tragédia shakespeariana, e todas são a mesma tragédia.

[*Diário do Rio de Janeiro*,
5 de junho de 1866]

A teoria que pretende reduzir toda a poesia às preocupações filosóficas e sociais do século, sob pretexto de que a poesia não deve cantar certa ordem de sentimentos pessoais, e todas as aspirações do coração, essa teoria não deve pesar no espírito de um poeta de talento [...]

[*Diário do Rio de Janeiro*, 10 de julho de 1866]

O mal da nossa poesia contemporânea é ser copista — no dizer, nas ideias e nas imagens.

[*Correio Mercantil*, 1º de março de 1868]

[...] os homens cujos olhos se umedeciam diante da luta de Ximena, do ciúme de Hermíone, da paixão e dos remorsos de Fedra, eram os mesmíssimos de hoje; e se o gosto, se a escola, se as condições do teatro mudaram, não mudou o coração humano; os sentimentos podem, talvez, mudar de aspecto, mas a essência é a mesma.

[*Adelaide Ristori*, 1869]

O poeta é um pouco realista. Não esquece que o chapéu é de castor, e não só de castor, mas até branco, e que ela o pôs na mesa, que era redonda, e que estava no centro da sala. Que homem minucioso! Parece um passaporte.

["Coisas", *Jornal da Tarde*, 2 de março de 1870]

O que se deve exigir do escritor, antes de tudo, é certo sentimento íntimo, que o torne homem do seu tempo e do seu país, ainda quando trate de assuntos remotos no tempo e no espaço.

["Notícia da atual literatura brasileira — Instinto de nacionalidade", *O Novo Mundo*, 24 de março de 1873]

[...] tudo pertence à invenção poética, uma vez que traga os caracteres do belo e possa satisfazer as condições da arte.

[Prefácio a *Americanas*, 1. ed., 1875]

A generosidade, a constância, o valor, a piedade hão de ser sempre elementos de arte, ou brilhem nas margens do Escamandro ou nas do Tocantins. O exterior muda; o capacete de Ajax é mais clássico e polido que o kanitar de Itajuba; a sandália de Calipso é um primor de arte que não achamos na planta nua de Lindoia. Esta é, porém, a parte inferior da poesia, a parte acessória. O essencial é a alma do homem.

[Prefácio a *Americanas*, 1. ed., 1875]

[...] publicou-se há dias o recenseamento do Império, do qual se colige que 70% da nossa população não sabe ler.

Gosto dos algarismos porque não são de meias medidas nem de metáforas. Eles dizem as coisas pelo seu nome, às vezes um nome feio, mas não havendo outro, não o escolhem. São sinceros, francos, ingênuos. As letras fizeram-se para frases; o algarismo não tem frases, nem retórica.

Assim, por exemplo, um homem, o leitor ou eu, querendo falar do nosso país, dirá:

— Quando uma Constituição livre pôs nas mãos de um povo o seu destino, força é que este povo caminhe para o futuro com as bandeiras do progresso desfraldadas. A soberania nacional reside nas Câmaras; as Câmaras são a representação nacional. A opinião pública deste país é o magistrado último, o supremo tribunal dos homens e das coisas. Peço à nação que decida entre mim e o Sr. Fidélis Teles de Meireles Queles; ela possui nas mãos o direito superior a todos os direitos.

A isto responderá o algarismo com a maior simplicidade:

— A nação não sabe ler. Há só 30% dos indivíduos residentes neste país que podem ler; desses uns 9% não leem letra de mão. 70% jazem em profunda ignorância. Não saber ler é ignorar o Sr. Meireles Queles; é não saber o que ele vale, o que ele pensa, o que ele quer; nem se realmente pode querer ou pensar. 70% de cidadãos votam do mesmo modo que respiram: sem saber por quê nem o quê. Votam como vão à festa da Penha — por divertimento. A Constituição é para eles uma coisa inteiramente desconhecida. Estão prontos para tudo: uma revolução ou um golpe de Estado.

Replico eu:

— Mas, Sr. Algarismo, creio que as instituições...

— As instituições existem, mas por e para 30% dos cidadãos. Proponho uma reforma no estilo político. Não se deve dizer: "consultar a nação, representantes da nação, os poderes da nação"; mas — "consultar os 30%, representantes dos 30%, poderes dos 30%". A opinião pública é uma metáfora sem base; há só a opinião dos 30%. Um deputado que disser na Câmara: "Sr. Presidente, falo deste modo porque os 30% nos ouvem..." dirá uma coisa extremamente sensata.

["História de Quinze Dias", *Ilustração Brasileira*,
15 de agosto de 1876]

Versos são coisas de pouca monta; não é com eles que andam as máquinas, nem eles influem por nenhum modo na alta e baixa de fundos. Paciência! Há no interior do homem um ouvido que não entende senão a língua das comoções puras, e para falá-la o melhor vocabulário é ainda o do padre Homero.

["História de Quinze Dias", *Ilustração Brasileira*,
15 de agosto de 1876]

Há quem acredite que essa poesia [a poesia pessoal] tem de morrer, se já não morreu. Eu creio que primeiro morrerão os vaticínios do que ela. Pessoal é ela, e por isso mesmo me comove; se contas as tuas dores ou alegrias de homem, eu, que sou homem, folgarei ou chorarei contigo. Esta solidariedade do coração faz com que a poesia chamada pessoal venha a ser, ao cabo de tudo, a mais impessoal do mundo. Eu não fui ao lago com Elvira, mas sinto a comoção de Lamartine. *Ainda uma vez, adeus!* exclama Gonçalves Dias, e todos nós sentimos confranger-nos o coração de saudade. Não! A poesia pessoal não morreu; morrerão, é certo, os simples biógrafos, os que põem em verso todas as anedotas de seus dias vulgares.

["História de Quinze Dias", *Ilustração Brasileira*,
15 de agosto de 1876]

[...] a nova poética [o realismo] só chegará à perfeição no dia em que nos disser o número exato dos fios de que se compõe um lenço de cambraia ou um esfregão de cozinha.

["Literatura realista — *O primo Basílio*, romance do
Sr. Eça de Queirós", *O Cruzeiro*, 16 de abril de 1878]

No tempo em que uma vã teoria regulava as coisas do espírito, estes nomes de *artista* e de *arte* tinham restrito emprego: exprimiam certa aplicação de certas faculdades. Mas as línguas e os costumes modificam-se com as instituições. Num regímen menos exclusivo, essencialmente democrático, a arte teve de vulgarizar-se: é a subdivisão da moeda de Licurgo. Cada um possui com que beber um trago. Daí vem que farpear um touro ou esculpir o *Moisés* é o mesmo fato intelectual: só difere a matéria e o instrumento. Intrinsecamente, é a mesma coisa. Tempo virá em que um artista nos sirva a sopa de legumes, e outro artista nos leve, em tílburi, à fábrica do gás.

["Notas Semanais", *O Cruzeiro*, 16 de junho de 1878]

[...] a extinção de um grande movimento literário não importa a condenação formal e absoluta de tudo o que ele afirmou; alguma coisa entra e fica no pecúlio do espírito humano.

["A nova geração", *Revista Brasileira*,
1º de dezembro de 1879]

A influência francesa é ainda visível na parte métrica, na exclusão ou decadência do verso solto, e no uso frequente ou constante do alexandrino. É excelente este metro; e, para empregar um símile musical, não será tão melódico, como outros mais genuinamente nossos, mas é harmonioso como poucos. Não é novo em nossa língua, nem ainda entre nós; desde Bocage algumas tentativas houve para aclimá-lo; Castilho o trabalhou com muita perfeição. A objeção que se possa fazer à origem estrangeira do alexandrino é frouxa e sem valor; não somente as teorias literárias cansam, mas também as formas métricas precisam ser renovadas. Que fizeram nessa parte os românticos de 1830 e 1840, senão ir buscar e rejuvenescer algumas formas arcaicas?

["A nova geração", *Revista Brasileira*,
1º de dezembro de 1879]

[...] entre as confidências pessoais e as aspirações de renovação política, alarga-se um campo infinito em que se pode exercer a invenção do poeta.

["A nova geração", *Revista Brasileira*,
1º de dezembro de 1879]

Um poeta, V. Hugo, dirá que há um limite intranscendível entre a realidade, segundo a arte, e a realidade, segundo a natureza. Um crítico, Taine, escreverá que se a exata cópia das coisas fosse o fim da arte, o melhor romance ou o melhor drama seria a reprodução taquigráfica de um processo judiciário. Creio que aquele não é clássico, nem este romântico. Tal é o princípio são, superior às contendas e teorias particulares de todos os tempos.

["A nova geração", *Revista Brasileira*,
1º de dezembro de 1879]

[...] a realidade é boa, o realismo é que não presta para nada.

["A nova geração", *Revista Brasileira*,
1º de dezembro de 1879]

aconteceu às *Mil e uma noites* o que se deu com muitas outras invenções: foram exploradas e saqueadas para a cena. [...] Nem Shakespeare escapou, o divino Shakespeare, como se *Macbeth* precisasse do comentário de nenhuma outra arte, ou fosse empresa fácil traduzir musicalmente a alma de Hamlet.

[Prefácio a *Contos seletos das Mil e uma noites*,
outubro de 1882]

Este conto ["A chinela turca"] foi publicado, pela primeira vez, na *Época*, n. 1, de 14 de novembro de 1875. Trazia o pseudônimo de *Manassés*, com que assinei outros artigos daquela folha efêmera. O redator principal era um espírito eminente, que a política veio tomar às letras: Joaquim Nabuco. Posso dizê-lo sem indiscrição. Éramos poucos e amigos. O programa era não ter programa, como declarou o artigo inicial, ficando a cada redator a plena liberdade de opinião, pela qual respondia exclusivamente. O tom (feita a natural reserva da parte de um colaborador) era elegante, literário, ático. A folha durou quatro números.

[Nota a "A chinela turca", *Papéis avulsos*, 1882]

Gente que mamou leite romântico, pode meter o dente no rosbife naturalista; mas em lhe cheirando a teta gótica e oriental, deixa o melhor pedaço de carne para correr à bebida da infância. Oh! meu doce leite romântico! Meu licor de Granada! Como ao velho Goethe, aparecem novamente as figuras aéreas que outrora vi ante os meus olhos turvos.

["A Semana", *Gazeta de Notícias*, 25 de dezembro de 1892]

Respiremos, amigos; a poesia é um ar eternamente respirável.

["A Semana", *Gazeta de Notícias*, 23 de abril de 1893]

Não quero mal às ficções, amo-as, acredito nelas, acho-as preferíveis às realidades; nem por isso deixo de filosofar sobre o destino das coisas tangíveis em comparação com as imaginárias. Grande sabedoria é inventar um pássaro sem asas, descrevê-lo, fazê-lo ver a todos, e acabar acreditando que não há pássaros com asas...

["A Semana", *Gazeta de Notícias*, 5 de agosto de 1894]

A literatura, como Proteu, troca de formas, e nisso está a condição da sua vitalidade.

["A Semana", *Gazeta de Notícias*, 12 de agosto de 1894]

Viva a poesia, meus amigos! Viva a sacrossanta literatura! como dizia Flaubert. Não sei se existem intendentes, mas os *Timbiras* existem.

["A Semana", *Gazeta de Notícias*, 12 de agosto de 1894]

Oxalá que o meio corresponda à obra. Franceses, ingleses e alemães apoiam as suas publicações desta ordem, e, se quisermos ficar na América, é suficiente saber que, não hoje, mas há meio século, em 1840, uma revista para a qual entrou Poe, tinha apenas cinco mil assinantes, os quais subiram a cinquenta e cinco mil, ao fim de dois anos. Não paguem o talento, se querem; mas deem os cinco mil assinantes à *Revista Brasileira*. É ainda um dos melhores modos de imitar New York.

["A Semana", *Gazeta de Notícias*, 6 de janeiro de 1895]

De todas as coisas humanas, dizia alguém com outro sentido e por diverso objeto — a única que tem o seu fim em si mesma é a arte.

["A Semana", *Gazeta de Notícias*, 29 de setembro de 1895]

[...] há sempre uma qualidade nos contos, que os torna superiores aos grandes romances, se uns e outros são medíocres: é serem curtos.

[Advertência a *Várias histórias*, 1896]

É difícil dizer quando uma arte nasce; mas basta que haja nascido, tenha crescido e viva. Vive, não lhe peço outra certidão.

["A Semana", *Gazeta de Notícias*, 13 de dezembro de 1896]

Versos, quando são pecados da mocidade, não se podem tornar virtudes da velhice. Como tudo pode entrar na história de um espírito, não digo que não acabe juntando mais alguns pecados.

[Carta a Magalhães de Azeredo, 9 de setembro de 1898]

[...] cada livro deve guardar a marca do seu tempo [...]

[Carta a Hyppolyte Garnier, 30 de outubro de 1899]

A arte é remédio e o melhor deles.

[Carta a Mário de Alencar, 23 de fevereiro de 1908]

O ofício de escrever

Escrever folhetim e ficar brasileiro é na verdade difícil.
Entretanto como todas as dificuldades se aplanam, ele podia bem tomar mais cor local, mais feição americana. Faria assim menos mal à independência do espírito nacional, tão preso a essas imitações, a esses arremedos, a esse suicídio de originalidade e iniciativa.

["O folhetinista", *O Espelho*, 30 de outubro de 1859]

Ninguém calcula as incertezas, as ânsias em que luta a alma de um folhetinista novel, depois de lançada nesse mar que se chama público, a primeira caravela que a custo construiu no estaleiro das suas opiniões.

É uma crise que dura pouco, mas que produz lutas atrozes. A dúvida desaparece quando o primeiro, o segundo, o terceiro, o décimo amigo vem com a mão aberta e o sorriso leal dizer-lhe uma palavra de animação.

Eu confesso que estive em uma situação idêntica à que descrevi acima; por vezes intentei renegar a religião que abracei, e vender a alma ao primeiro demônio que me aparecesse.

Vedou-me a audácia esse passo; e murmurou-me ao ouvido aquelas palavras que atiraram Napoleão às pirâmides, e acabou por me dizer: caminha!

["Folhetim", *Diário do Rio de Janeiro*, 13 de abril de 1860]

A primeira condição de quem escreve é não aborrecer.

[*"Ao Acaso"*, *Diário do Rio de Janeiro*,
10 de março de 1864]

Se és feliz, escreve; se és infeliz, escreve também.

[*"Ao Acaso"*, *Diário do Rio de Janeiro*,
22 de novembro de 1864]

Os que procuram resgatar a pureza da língua, trazendo à luz de uma constante publicidade as obras clássicas dos velhos autores, sempre nos tiveram entre os seus aplaudidores mais entusiastas.

[*"Ao Acaso"*, *Diário do Rio de Janeiro*, 2 de maio de 1865]

Tenho notado nos nossos atuais escritores o uso de palavras vulgares e conhecidas com desprezo de termos poéticos ou simplesmente clássicos.

[*"Coisas"*, *Jornal da Tarde*, 20 de dezembro de 1869]

Em que peca a geração presente? Falta-lhe um pouco mais de correção e gosto; peca na intrepidez às vezes da expressão, na impropriedade das imagens, na obscuridade do pensamento.

[*"Notícia da atual literatura brasileira — Instinto de nacionalidade"*, *O Novo Mundo*, 24 de março de 1873]

Um contador de histórias é justamente o contrário de historiador, não sendo um historiador, afinal de contas, mais do que um contador de histórias. Por que essa diferença? Simples, leitor, nada mais simples. O historiador foi inventado por ti, homem culto, letrado, humanista; o contador

MÁXIMAS, PENSAMENTOS E DITOS AGUDOS

de histórias foi inventado pelo povo, que nunca leu Tito Lívio, e entende que contar o que se passou é só fantasiar.

> ["História de Quinze Dias", *Ilustração Brasileira*, 15 de março de 1877]

É assim a crônica. Que sabes tu, frívola dama, dos problemas sociais, das teses políticas, do regime das coisas deste mundo? Nada; e tanto pior se soubesses alguma coisa, porque tu não és, não foste, nunca serás o jantar suculento e farto; tu és a castanha gelada, a laranja, o cálix de *chartreuse*, uma coisa leve, para adoçar a boca e rebater o jantar.

> ["Notas Semanais", *O Cruzeiro*, 14 de julho de 1878]

Cumpre ter ideias, em primeiro lugar; em segundo lugar expô-las com acerto; vesti-las, ordená-las, a apresentá-las à expectação pública. A observação há de ser exata, a facécia pertinente e leve; uns tons mais carrancudos, de longe em longe; uma mistura de Geronte e de Scapin, um guisado de moral doméstica e solturas da rua do Ouvidor...

> ["Notas Semanais", *O Cruzeiro*, 4 de agosto de 1878]

O cronista não tem cargo d'almas, não evangeliza, não adverte, não endireita os tortos do mundo; é um mero espectador, as mais das vezes pacato, cuja bonomia tem o passo tardo dos senhores do harém. Debruça-se, cada domingo, à janela deste palacete, e contempla as águas do Bósforo, a ver os caíques que se cruzam, a acompanhar de longe a labutação dos outros.

> ["Notas Semanais", *O Cruzeiro*, 25 de agosto de 1878]

[...] ninguém ignora que ele [Diderot] não só escrevia contos, e alguns deliciosos, mas até aconselhava a um amigo que os escrevesse também. E eis a razão do enciclopedista: é que quando se faz um conto, o espírito fica alegre, o tempo escoa-se, e o conto da vida acaba, sem a gente dar por isso.

[Advertência a *Papéis avulsos*, outubro de 1882]

Com os anos adquire-se firmeza, domina-se a arte, multiplicam-se os recursos, busca-se a perfeição que é a ambição e o dever de todos os que tomam da pena para traduzir no papel as suas ideias e sensações.

[Carta prefácio a Eneias Galvão, 30 de julho de 1885]

Quando a ideia que me acode ao bico da pena é já velhusca, atiro-lhe aos ombros um capote axiomático, porque não há nada como uma sentença para mudar a cara aos conceitos.

["A Semana", *Gazeta de Notícias*, 21 de agosto de 1892]

[...] é preciso atender ao uso das palavras. Não cansam só as línguas que as dizem; elas próprias gastam-se. Quando menos, adoecem. A anemia é um dos seus males frequentes; o esfalfamento é outro. Só um longo repouso as pode restituir ao que eram, e torná-las prestáveis.

["A Semana", *Gazeta de Notícias*, 12 de março de 1893]

Somos todos criados com três ou quatro ideias que, em geral, são o nosso farnel da jornada. Felizes os que podem colher, de caminho, alguma fruta, uma azeitona, um pouco de mel de abelhas, qualquer coisa que os tire do ramerrão de todos os dias.

["A Semana", *Gazeta de Notícias*, 19 de março de 1893]

As frases feitas são a companhia cooperativa do espírito.

Dão o trabalho único de as meter na cabeça, guardá-las e aplicá-las oportunamente, sem dispensa de convicção, é claro, nem daquele fino sentimento de originalidade que faz de um molambo seda. Nos casos apertados dão matéria para um discurso inteiro e longo — dizem, mas pode ser exageração.

[“A Semana”, *Gazeta de Notícias*, 7 de outubro de 1894]

[...] em matéria de língua, quem quer tudo muito explicado, arrisca-se a não explicar nada.

[“A Semana”, *Gazeta de Notícias*, 14 de outubro de 1894]

Ruim trocadilho; mas o melhor escrito deve parecer-se com a vida, e a vida é, muitas vezes, um trocadilho ordinário.

[“A Semana”, *Gazeta de Notícias*, 28 de outubro de 1894]

Estilo, meus senhores, deitem estilo nas descrições e comentários; os jornalistas de 1944 poderão muito bem transcrevê-los, e não é bonito aparecer despenteado aos olhos do futuro.

[“A Semana”, *Gazeta de Notícias*, 13 de janeiro de 1895]

O melhor estilo é o que narra as coisas com simpleza, sem atavios carregados e inúteis.

[“A Semana”, *Gazeta de Notícias*, 9 de junho de 1895]

Pensamentos valem e vivem pela observação exata ou nova, pela reflexão aguda ou profunda; não menos querem a originalidade, a simplicidade e a graça do dizer.

[Carta a Joaquim Nabuco, 19 de agosto de 1906]

Por que não escreve alguma coisa? Ideias fugitivas, quadros passageiros, emoções de qualquer espécie, tudo são coisas que o papel aceita, e a que mais tarde se dá método, se lhes não convier o próprio desalinho.

[Carta a Mário de Alencar, 18 de março de 1907]

Vícios e virtudes

Muita gente fala em egoísmo, sem definir propriamente o que ele é. Em minha opinião, que não dou como infalível, ele vale tanto como o instinto de conservação, que reside nas organizações animais; é por assim dizer o instinto moral, que procura para o espírito o que o instinto animal procura para os sentidos.

[“Comentários da Semana”, *Diário do Rio de Janeiro*, 10 de novembro de 1861]

[...] espíritos medíocres, não podendo abraçar a amplidão do espaço em que a civilização os lançou, olham saudosos para os tempos e as coisas que já foram, e caluniam, menos por má vontade que por inépcia, os princípios em nome dos quais se elevaram.

[“Comentários da Semana”, *Diário do Rio de Janeiro*, 25 de novembro de 1861]

Afinal de contas, os homens que não são sérios e graves, são exatamente os homens graves e sérios. Demócrito continua a ter razão: só é sério aquilo que o não parece.

[“Ao Acaso”, *Diário do Rio de Janeiro*, 22 de novembro de 1864]

[...] a tolerância assemelha-se a uma gaiola de papagaio, aberta por todos os lados, sem aparências mesmo de gaiola, mas onde a ave fica presa por uma corrente que lhe vai do pé ao poleiro.

["Ao Acaso", *Diário do Rio de Janeiro*,
29 de novembro de 1864]

[...] precisamos acaso acrescentar uma verdade comezinha, a saber, que as melhores intenções deste mundo e os esforços mais sinceros não dão a menor parcela de virtude àquilo que teve origem no erro, nem transformam a natureza do fato consumado?

["Ao Acaso", *Diário do Rio de Janeiro*,
21 de março de 1865]

A concha não vale a pérola; mas o delicado da pérola disfarçará o grosseiro da concha.

[Nota a "Uma ode de Anacreonte",
Falenas, 1870]

Dizia o sábio que se tivesse a mão cheia de verdades, nunca mais a abriria [...]

["Notas Semanais", *O Cruzeiro*, 2 de junho de 1878]

Esta virtude de ser duas coisas, segundo a situação, é dos maiores benefícios que a natureza pode conferir a um homem, porquanto o alivia do ônus de uma pérfida e enfadonha uniformidade.

["Notas Semanais", *O Cruzeiro*,
23 de junho de 1878]

É precária a virtude dos homens; está sujeita a toda sorte de avarias e abalroamentos.

["Notas Semanais", *O Cruzeiro*, 28 de julho de 1878]

[...] o merecimento precisa um pouco de rufo e outro pouco de cartazes. Ainda assim, antes a modéstia; é menos ruidosa, mas mais segura.

["Notas Semanais", *O Cruzeiro*,
1º de setembro de 1878]

É o destino dos fracos; servem de experiências aos mais fortes, quando lhes não servem de nutrição.

["Notas Semanais", *O Cruzeiro*,
1º de setembro de 1878]

A extrema desconfiança não é menos perniciosa que a extrema presunção. "As dúvidas são traidoras", escreveu Shakespeare [...]

["Artur Barreiros", carta aberta a Valentim Magalhães,
A Semana, 21 de fevereiro de 1885]

[...] o cinismo, que é a sinceridade dos patifes, pode contaminar uma consciência reta, pura e elevada, do mesmo modo que o bicho pode roer os mais sublimes livros do mundo.

["Balas de Estalo", *Gazeta de Notícias*,
14 de março de 1885]

A paciência, com perdão da palavra, é um biscoito moral, dado pelo céu a muito poucos.

["Balas de Estalo", *Gazeta de Notícias*, 10 de maio de 1885]

Quem nunca invejou, não sabe o que é padecer.

["Bons Dias!", *Gazeta de Notícias*, 22 de agosto de 1889]

[...] a esperança é própria das espécies fracas, como o homem e o gafanhoto; o burro distingue-se pela fortaleza sem par.

["A Semana", *Gazeta de Notícias*, 16 de outubro de 1892]

Nada é novo debaixo do sol. Onde há muitos bens, há muitos que os comam. Quer dizer que já por essas centenas de séculos atrás os homens corriam ao dinheiro alheio; em primeiro lugar, para ajuntar o que andava disperso pelas algibeiras dos outros; em segundo lugar, quando um metia o dinheiro no bolso, corriam a dispersar o ajuntado. Apesar deste risco, o conselho de Iago é que se meta dinheiro no bolso. *Put money in thy purse.*

["A Semana", *Gazeta de Notícias*, 15 de janeiro de 1893]

O nosso erro é crer que inventamos, quando continuamos, ou simplesmente copiamos. Tanta gente pasma ou vocifera diante de pecados, sem querer ver que outros iguais pecados se pecaram, e ainda outros se estão pecando, por várias outras terras pecadoras.

["A Semana", *Gazeta de Notícias*, 5 de fevereiro de 1893]

Inverdade é o mesmo que mentira, mas mentira de luva de pelica. Vede bem a diferença. Mentira só, nua e crua, dada na bochecha, dói. Inverdade, embora dita com energia, não obriga a ir aos queixos da pessoa que a profere.

["A Semana", *Gazeta de Notícias*, 12 de março de 1893]

[...] que mais simples, mais belo, mais barato ornamento que a modéstia? Essa virtude, a um tempo cristã e pagã, tão pregada pelos padres da Igreja, como pelos sábios da Antiguidade, a santa, a nobre, a pura modéstia, que não ocupa lugar, não tira o pão nem o sono de ninguém, não mata nem esfola; a modéstia não tem entrada no conselho municipal.

["A Semana", *Gazeta de Notícias*, 30 de julho de 1893]

O vício é muita vez um boato falso, e há virtudes que nunca foram outra coisa.

["A Semana", *Gazeta de Notícias*, 29 de outubro de 1893]

Tudo se pode esperar da indústria humana, a braços com o eterno aborrecimento.

["A Semana", *Gazeta de Notícias*, 19 de novembro de 1893]

O conto do vigário é o mais antigo gênero de ficção que se conhece. A rigor, pode crer-se que o discurso da serpente, induzindo Eva a comer o fruto proibido, foi o texto primitivo do conto.

["A Semana", *Gazeta de Notícias*, 31 de março de 1895]

Quando voltar o costume da antropofagia, não há mais que trocar o "amai-vos uns aos outros", do Evangelho, por esta doutrina: "Comei-vos uns aos outros". Bem pensado, são os dois estribilhos da civilização.

["A Semana", *Gazeta de Notícias*, 1º de setembro de 1895]

Se eu houvesse de definir a alma humana, [...] diria que ela é uma casa de pensão. Cada quarto abriga um vício ou uma virtude. Os bons são aqueles em quem os vícios dormem sempre e as virtudes velam, e os maus... Adivinhaste o resto; poupas-me o trabalho de concluir a lição.

["A Semana", *Gazeta de Notícias*, 13 de outubro de 1895]

Conquanto a credulidade seja eterna, é preciso fazer com ela o que se faz com a moda: variar de feitio.

["A Semana", *Gazeta de Notícias*, 5 de abril de 1896]

A impunidade é o colchão dos tempos; dormem-se aí sonos deleitosos. Casos há em que se podem roubar milhares de contos de réis... e acordar com eles na mão.

["A Semana", *Gazeta de Notícias*, 17 de maio de 1896]

O trabalho é honesto, mas há outras ocupações pouco menos honestas e muito mais lucrativas.

["A Semana", *Gazeta de Notícias*, 7 de fevereiro de 1897]

Pecados são ações, intenções ou omissões graves; não se devem contar todas, nem integralmente, mas só a parte que menos pesa à alma e não faz desmerecer uma pessoa no conceito dos homens.

["A Semana", *Gazeta de Notícias*, 28 de fevereiro de 1897]

[...] eu a tempo advirto que as mais claras águas podem levar de enxurro alguma palha podre — se é que é podre, se é que é mesmo palha.

["O velho Senado", *Revista Brasileira*, 1898]

O tempo e outras passagens

Dizem que a gente experimenta uma certa mudança moral de sete em sete anos.

> ["Comentários da Semana", *Diário do Rio de Janeiro*,
> 21 de novembro de 1861]

[...] as ideias mudam de natureza com as pessoas e com os tempos [...]

> ["Comentários da Semana", *Diário do Rio de Janeiro*,
> 26 de janeiro de 1862]

Temos saudade de todos os anos, mas é só quando eles se acham já mergulhados em um passado mais ou menos remoto — porque o homem corre a vida entre dois horizontes — o passado e o futuro — a saudade e a esperança —; a esperança e a saudade, diz um poeta, têm um horizonte idêntico: — *l'éloignement*.

> ["Ao Acaso", *Diário do Rio de Janeiro*,
> 3 de janeiro de 1865]

É a sorte de todas as instituições humanas trazerem em si o gérmen de sua destruição.

> ["Ao Acaso", *Diário do Rio de Janeiro*, 4 de abril de 1865]

[...] o tempo, cremos ter lido isto algures, só respeita aquilo que é feito com tempo [...]

[*Diário do Rio de Janeiro*, 6 de fevereiro de 1866]

[...] não gosto de ver correr cavalos nem touros. Eu gosto de ver correr o tempo e as coisas; só isso. Às vezes corro eu também atrás da sorte grande, e correria adiante de um cacete, sem grande esforço. Quanto a ver correr cavalos...

["História de Quinze Dias", *Ilustração Brasileira*, 15 de agosto de 1876]

Ó tempos! Ó saudades! Tinha eu vinte anos, um bigode em flor, muito sangue nas veias e um entusiasmo, um entusiamo capaz de puxar todos os carros, desde o carro do Estado até o carro do sol — duas metáforas, que envelheceram como eu.

["História de Quinze Dias", *Ilustração Brasileira*, 15 de julho de 1877]

Os velhos como eu irão recordar um pouco da mocidade: a melhor coisa da vida, e talvez a única.

["História de Quinze Dias", *Ilustração Brasileira*, 15 de julho de 1877]

O tempo, que a tradição mitológica nos pinta com alvas barbas, é pelo contrário um eterno rapagão, rosado, gamenho, pueril; só parece velho àqueles que já o estão; em si mesmo traz a perpétua e versátil juventude.

["Notas Semanais", *O Cruzeiro*, 16 de junho de 1878]

Também é certo que as coisas passam menos do que nós passamos, e que a velhice delas é muita vez o cansaço dos nossos olhos. Questão de óculos. A adolescência usa uns vidros claros ou azuis, que aumentam o viço e o lustre das coisas, vidros frágeis que nenhum Reis substitui nem conserta. Quebram-se e atiram-se fora. Os que vêm depois são mais tristes, e não sei se mais sinceros...

["Notas Semanais", *O Cruzeiro*, 18 de agosto de 1878]

Aborrecer o passado ou idolatrá-lo vem a dar no mesmo vício; o vício de uns que não descobrem a filiação dos tempos, e datam de si mesmos a aurora humana, e de outros que imaginam que o espírito do homem deixou as asas no caminho e entra a pé num charco.

["A nova geração", *Revista Brasileira*,
1º de dezembro de 1879]

Meia-idade, zona em que as paixões arrefecem, onde as flores vão perdendo a cor purpúrea e o viço eterno.

["A Semana", *Gazeta de Notícias*, 17 de julho de 1892]

Realmente, os anos nada valem por si mesmos. A questão é saber aguentá-los, escová-los bem, todos os dias, para tirar a poeira da estrada, trazê-los lavados com água de higiene e sabão de filosofia.

["A Semana", *Gazeta de Notícias*,
30 de outubro de 1892]

Vamos esquecendo; é o nosso ofício.

["A Semana", *Gazeta de Notícias*, 26 de março de 1893]

Em que há de sonhar um varão maduro? O tempo escoa-se depressa para aqueles que já vêm de longe.

["A Semana", *Gazeta de Notícias*,
23 de julho de 1893]

Tudo prescreve debaixo do sol, desde o amor até o furor. O próprio sol tem os seus séculos contados.

["A Semana", *Gazeta de Notícias*,
14 de janeiro de 1894]

Montaigne é de parecer que não fazemos mais que repisar as mesmas coisas e andar no mesmo círculo; e o Eclesiastes diz claramente que o que é, já foi, e o que foi, é o que há de vir. Com autoridades de tal porte, podemos crer que acabarão algum dia alfaiates e costureiras. Um colar apenas, matéria simples, nada mais; quando muito, nos bailes, um simulacro de *gibus* para pedir com graça uma quadrilha ou uma polca. Oh! a polca das miçangas! Há de haver uma com esse título, porque a polca é eterna, e quando não houver mais nada, nem sol, nem lua, e tudo tornar às trevas, os últimos dois ecos da catástrofe derradeira usarão ainda, no fundo do infinito, esta polca, oferecida ao Criador: *Derruba, meu Deus, derruba!*

["A Semana", *Gazeta de Notícias*,
4 de fevereiro de 1894]

O vento dos tempos nem sempre é a brisa igual e mansa que tudo esfolha e dispersa devagar. Tem lufadas de tufão, que fazem ir parar longe as folhas secas ou somente murchas.

["A Semana", *Gazeta de Notícias*, 24 de junho de 1894]

A antiguidade cerca-me por todos os lados. E não me dou mal com isso. Há nela um aroma que, ainda aplicado a coisas modernas, como que lhes troca a natureza.

["A Semana", *Gazeta de Notícias*,
11 de novembro de 1894]

A história é isto. Todos somos os fios do tecido que a mão do tecelão vai compondo, para servir aos olhos vindouros, com os seus vários aspectos morais e políticos. Assim como os há sólidos e brilhantes, assim também os há frouxos e desmaiados, não contando a multidão deles que se perde nas cores de que é feito o fundo do quadro.

["A Semana", *Gazeta de Notícias*,
7 de julho de 1895]

Bela é a tarde, e noites há belíssimas; mas a frescura da manhã não tem parelha na galeria do tempo.

["A Semana", *Gazeta de Notícias*,
25 de agosto de 1895]

Não sou dos que dão para octogenários [...] não me demorarei muito por este mundo.

[Carta a Magalhães de Azeredo, 3 de setembro de 1895]

Sei que o espetáculo do presente tira a memória do passado, e mais dói uma alfinetada agora que um calo há um ano.

["A Semana", *Gazeta de Notícias*,
2 de fevereiro de 1896]

Afinal tudo passa, e só a terra é firme: é um velho estribilho do *Eclesiastes*, de que os rapazes mofam, com muita razão, pois ninguém é rapaz senão para ler e viver o *Cânti-co dos Cânticos*, em que tudo é eterno.

["A Semana", *Gazeta de Notícias*, 20 de setembro de 1896]

[...] o tempo é para cada um de nós o que cada um de nós é para ele.

["A Semana", *Gazeta de Notícias*, 27 de setembro de 1896]

O passado (se o não li algures, faça de conta que a minha experiência o diz agora), o passado é ainda a melhor parte do presente — na minha idade, entenda-se.

[Carta a Joaquim Nabuco, 5 de janeiro de 1902]

Questões de vida e morte

A vida, li não sei onde, é uma ponte lançada entre duas margens de um rio; de um lado e do outro a eternidade.

Se essa eternidade é de vida real e contemplativa, ou do nada obscuro, não reza a crônica, nem me quero eu aprofundar nisso. Mas uma ponte lançada entre duas margens, não se pode negar, é uma figura perfeita.

É doloroso o atravessar dessa ponte. Velha e a desabar há seis mil anos têm por ela passado reis e povos numa procissão de fantasmas ébrios, na qual uns vão colhendo as flores aquáticas que reverdecem à altura da ponte, e outros afastados das bordas vão tropeçando a cada passo nessa *via dolorosa*. Afinal tudo isso desaparece como fumo que o vento leva em seus caprichos, e o homem à semelhança de um charuto desfaz a sua última cinza, *quia pulvis est.*

[“Revista de Teatros”, *O Espelho*, 11 de setembro de 1859]

Ninguém me tira a suspeita que tenho de que a gente não morre de moléstia ou de desastre, mas que o desastre ou a moléstia vem quando é preciso morrer.

[“História de Quinze Dias”, *Ilustração Brasileira*,
15 de novembro de 1876]

Numa das portas do cemitério do Caju, há este lema: *Revertere ad locum tuum*. Quando ali vou, não deixo de ler essas palavras, que resumem todo o resultado das labutações da vida. Pois bem; esse lugar, teu e meu, é a terra, a terra donde viemos, para onde iremos todos, alguns palmos abaixo do solo, no repouso último e definitivo, enquanto a alma vai a outras regiões.

["História de Quinze Dias", *Ilustração Brasileira*,
1º de novembro de 1877]

No fim de uma coisa que acaba, há outra que começa, e a morte paga com a vida: eterna ideia e velha verdade. Que monta? Ao cabo, só há verdades velhas, caiadas de novo.

["Notas Semanais", *O Cruzeiro*, 2 de junho de 1878]

A vida, ao parecer dessa encantadora porção da humanidade [as moças], é um perpétuo *en avant deux*, com intervalos de valsa de Strauss, um cotilhão e chocolate no fim. Intervalem esse trabalho com um pouco de ópera e outro pouco de passeio: eis resolvido o problema da existência humana, quer venhamos do barro de Moisés, quer do macaco de Darwin.

["Notas Semanais", *O Cruzeiro*, 18 de agosto de 1878]

[...] antes, muito antes do primeiro esboço da civilização, toda a civilização estava em gérmen na mulher.

["Cherchez la femme", *A Estação*, 15 de agosto de 1881]

[...] venero os esqueletos, já porque o são, já porque o não sou.

["Bons Dias!", *Gazeta de Notícias*, 21 de janeiro de 1889]

Há tanta coisa gaiata por esse mundo, que não vale a pena ir ao outro arrancar de lá os que dormem.

[“Bons Dias!”, *Gazeta de Notícias*, 21 de janeiro de 1889]

A monotonia é a morte. A vida está na variedade.

[“A Semana”, *Gazeta de Notícias*, 26 de fevereiro de 1893]

A vida, por exemplo, comparada a um banquete é ideia felicíssima. Cada um de nós tem ali o seu lugar; uns retiram-se logo depois da sopa, outros antes do *coup du milieu*, não raros vão até a sobremesa. Tem havido casos em que o conviva se deixa estar comido, bebido, e sentado. [...] Não que o banquete seja sempre uma delícia. Há sopas execráveis, peixes podres e não poucas vezes esturro. Mas, uma vez que a gente se deixou vir para a mesa, melhor é ir farto dela, para não levar saudades. Não se sente a marcha; vai-se pelos pés dos outros.

[“A Semana”, *Gazeta de Notícias*, 1º de janeiro de 1894]

A sorte é tudo. Os acontecimentos tecem-se como as peças de teatro, e representam-se da mesma maneira. A única diferença é que não há ensaios; nem o autor nem os atores precisam deles. Levantado o pano, começa a representação, e todos sabem os papéis sem os terem lido. A sorte é o ponto.

[“A Semana”, *Gazeta de Notícias*, 30 de dezembro de 1894]

Vivam os mortos! Os mortos não nos levam os relógios. Ao contrário, deixam os relógios, e são os vivos que os levam, se não há cuidado com eles. Morram os vivos!

[“A Semana”, *Gazeta de Notícias*, 6 de janeiro de 1895]

Os mortos não vão tão depressa, como quer o adágio; mas que eles governam os vivos, é coisa dita, sabida e certa.

["A Semana", *Gazeta de Notícias*, 7 de julho de 1895]

A sepultura é a mesma em toda a parte, qualquer que seja o mármore e o talento do escultor, ou a simples pedra sem nome ou com ele, posta em cima da cova. A morte é universal.

["A Semana", *Gazeta de Notícias*, 4 de agosto de 1895]

A questão do suicídio não vem agora à tela. Este velho tema renasce sempre que um homem dá cabo de si, mas é logo enterrado com ele, para renascer com outro. Velha questão, velha dúvida. Não tornou agora à tela, porque o ato de Raul Pompeia incutiu em todos uma extraordinária sensação de assombro. A piedade veio realçar o ato, com aquela única lembrança do moribundo de dois minutos, pedindo à mãe que acudisse à irmã, vítima de uma crise nervosa. Que solução se dará ao velho tema? A melhor é ainda a do jovem Hamlet: *The rest is silence*.

[*Gazeta de Notícias*, 29 de dezembro de 1895]

O que importa notar é que todas essas multidões de mortos — por uma causa justa ou injusta — são os figurantes anônimos da tragédia universal e humana.

["A Semana", *Gazeta de Notícias*, 23 de fevereiro de 1896]

[...] todos os cemitérios se parecem.

["O velho Senado", *Revista Brasileira*, 1898]

A Antiguidade consolava-se dos que morriam cedo considerando que era a sorte daqueles a quem os deuses amavam. Quando a morte encontra um Goethe ou um Voltaire, parece que esses grandes homens, na idade extrema a que chegaram, precisam de entrar na eternidade e no infinito, sem nada mais dever à terra que os ouviu e admirou.

[Carta a Henrique Chaves, 23 de agosto de 1900]

Desculpe-me de falar tanto na idade, e alguma vez da morte. Cuido que há de ser assim com todos, ou então é do temperamento melancólico, apenas encoberto por um riso já cansado.

[Carta a Magalhães de Azeredo, 5 de novembro de 1900]

A posteridade e a glória

O que é a veneração da posteridade pelos artistas de teatro? As cenas palpitantes, as paixões tumultuárias, as lágrimas espontâneas, os rasgos do gênio, a alma, a vida, o drama, tudo isso acaba com a última noite do ator, com as últimas palmas do público. O que o torna superior acaba nos limites da vida; vai à posteridade o nome e o testemunho dos contemporâneos, nada mais.

["Conversas Hebdomadárias", *Diário do Rio de Janeiro*,
1º de setembro de 1863]

É vulgar a queixa de que a plena justiça só comece depois da morte; de que haja muita vez um abismo entre o desdém dos contemporâneos e a admiração da posteridade. A enxerga de Camões é cediça na prosa e no verso do nosso tempo; e por via de regra a geração presente condena as injúrias do passado para com os talentos, que ela admite e lastima. A condenação é justa, a lástima é descabida, porquanto, digno de inveja é aquele que, transpondo o limite da vida, deixa alguma coisa de si na memória e no coração dos homens, fugindo assim ao comum olvido das gerações humanas.

[*A Crença*, 20 de agosto de 1875]

MÁXIMAS, PENSAMENTOS E DITOS AGUDOS 83

[...] se tu tens algum filho, leitor amigo, não o faças político, nem literato, nem estatuário, nem pintor, nem arquiteto! Pode ter algum pouco de glória, e essa mesma pouca: muita que seja, nem só de glória vive o homem. Cantor, isso sim; isso dá muitos mil cruzados, dá admiração pública, dá retratos nas lojas; às vezes chega a dar aventuras romanescas.

["História de Quinze Dias", *Ilustração Brasileira*,
1º de agosto de 1876]

A Academia, trabalhando pelo conhecimento desses fenômenos, buscará ser, com o tempo, a guarda da nossa língua. Caber-lhe-á então defendê-la daquilo que não venha das fontes legítimas — o povo e os escritores —, não confundindo a moda, que perece, com o moderno, que vivifica. Guardar não é impor; nenhum de vós tem para si que a Academia decrete fórmulas. E depois para guardar uma língua é preciso que ela se guarde também a si mesma, e o melhor dos processos é ainda a composição e a conservação de obras clássicas. A autoridade dos mortos não aflige, e é definitiva.

[Discurso pronunciado na cerimônia de encerramento
do 1º ano da Academia Brasileira de Letras,
em 7 de dezembro de 1897]

Não é meu ofício censurar essas meias glórias, ou glórias de empréstimo, como lhe queiram chamar espíritos vadios. As glórias de empréstimo, se não valem tanto como as de plena propriedade, merecem sempre algumas mostras de simpatia. Para que arrancar um homem a essa agradável sensação? Que tenho para lhe dar em troca?

["A Semana", *Gazeta de Notícias*,
16 de outubro de 1892]

A glória leva às vezes um ano, outras vinte, outras dois meses, cinco semanas, e não são raras as de vinte e quatro horas.

["A Semana", *Gazeta de Notícias*, 14 de janeiro de 1894]

Quem lê a correspondência de Balzac, fica triste, de quando em quando, ao ver as aflições do pobre-diabo, correndo abaixo e acima, à cata de dinheiro, vendendo um livro futuro para pagar com o preço uma letra e o aluguel da casa, e metendo-se logo no gabinete para escrever o livro vendido, entregá-lo, imprimi-lo, e correr outra vez a buscar dinheiro com que pague o aluguel da casa e outra letra. Glória e dívidas!

Vede agora Zola. É o sucessor de Balzac. Talento pujante, grande romancista [...]. Glória e três milhões.

["A Semana", *Gazeta de Notícias*, 22 de abril de 1894]

[...] o verso solto de José Basílio [da Gama] tem aquela harmonia, seguramente mais difícil, a que é preciso chegar pela só inspiração e beleza do metro. Não serão sempre perfeitos. O meu bom amigo [Henrique César] Muzzio, companheiro de outrora, crítico de bom gosto, achava detestáveis aqueles dois famosos versos do *Uruguai:*

Tropel confuso de cavalaria,
Que combate desordenadamente.

— Isto nunca será onomatopeia, dizia ele; são dois maus versos.

Concordava que não eram melodiosos, mas defendia a intenção do poeta, capaz de os fazer com a tônica usual. Um dia, achei em Filinto Elísio uma imitação daqueles versos de José Basílio da Gama, por sinal que ruim, mas o lírico português confessava a imitação e a origem. Não quero dizer que isto tornasse mais belos os do poeta mineiro; mas é força lembrar o que valia no seu tempo Filinto Elísio, tão acatado, que meia dúzia de versos seus, elogiando Bocage, bastaram a inspirar a este o célebre grito de orgulho e de glória: — *Zoilos, tremei! Posteridade, és minha.*

["A Semana", *Gazeta de Notícias*,
7 de julho de 1895]

Quando a pá do arqueólogo descobre uma estátua divina e truncada, o mundo abala-se, e a maravilha é recolhida aonde possa ficar por todos os tempos; mas a estátua será uma só. Ao poeta ressuscitado em cada aniversário restará a vantagem de ser uma nova e rara maravilha.

["A Semana", *Gazeta de Notícias*,
4 de agosto de 1895]

Não se entristeça com o silêncio; não o há completo, e em todo caso, console-se com a ideia de que há vinte e trinta anos era pior. Alencar mais de uma vez se me queixou da maneira por que a imprensa de então acolhia os seus livros, e já tinha nome feito. Não os acolhia mal, ao contrário; mas a nossa imprensa então era mais comercial e política. As notícias literárias eram simpáticas, mas curtas, as palavras quase tabelioas.

[Carta a Magalhães de Azeredo,
3 de setembro de 1895]

[...] tudo se esquece neste mundo, as alegrias, as opiniões, as paixões velhas, os empréstimos novos e velhos, e agora as apostas. Que pode haver seguro, se nem as quinielas estão certas de viver na memória dos vencedores? Tudo perece. Tão precária é esta máquina humana, que uma pessoa capaz de desmaiar, se perder uma aposta, é igualmente capaz de a esquecer, se a ganhar. Em que fiar, então? Assim vai um homem reformando as suas ideias, deitando fora as que ficam rançosas, ou as que reconhece que eram falsas.

["A Semana", *Gazeta de Notícias*, 14 de janeiro de 1894]

Toda glória é primavera.

["A Semana", *Gazeta de Notícias*, 18 de novembro de 1894]

Foi o nosso Gonzaga que escreveu com grande acerto que as pirâmides e os obeliscos arrasam-se, mas que as *Ilíadas* e as *Eneidas* ficam.

["A Semana", *Gazeta de Notícias*, 7 de julho de 1895]

[...] a vida dos livros é vária como a dos homens. Uns morrem de vinte, outros de cinquenta, outros de cem anos, ou de noventa e nove, para não desmentir o poeta laureado. Muitos há que, passado o século, caem nas bibliotecas, onde a curiosidade os vai ver, e donde podem sair em parte para a história, em parte para os florilégios. Ora, esse prolongamento da vida, curto ou longo, é um pequeno retalho de glória. A imortalidade é que é de poucos.

["A Semana", *Gazeta de Notícias*, 16 de agosto de 1896]

Taine prevê que no ano 2000 ainda se lerá a *Partida de gamão*, uma novelinha de trinta páginas; e, falando das outras narrativas do autor de *Carmen* [Prosper Mérimée], todas de escasso tomo, faz esta observação verdadeira: "É que são construídas com pedras escolhidas, não com estuque e outros materiais da moda".

É este o ponto, tudo é que as obras sejam feitas com o fôlego próprio e de cada um, e com materiais que resistam.

["A Semana", *Gazeta de Notícias*, 27 de dezembro de 1896]

MÁXIMAS, PENSAMENTOS E DITOS AGUDOS

Mas ainda que algumas páginas não agradem a todos, não faz mal. "*Je n'écris que pour cent personnes*", dizia Stendhal no princípio deste século, e vê que os seus livros vão galgando o fim, e entrarão pelo outro.

[Carta a Magalhães de Azeredo, 7 de novembro de 1899]

A minha fortuna tem sido que me entendam as novas gerações.

[Carta a Magalhães de Azeredo, 5 de novembro de 1900]

Admirações

Não se comenta Shakespeare, admira-se.

[*O Espelho*, 13 de novembro de 1859]

Aquela *boca de ouro* [do padre Antônio Vieira] falava de modo a tirar à gente o gosto de falar mais, mesmo em folhetim, onde havia muito que dizer a propósito dos santos e dos meios de o ser.

["Ao Acaso", *Diário do Rio de Janeiro*,
1º de novembro de 1864]

[...] o que faz estimar Molière, não é o saco de Scapin, nem a seringa de Pourceaugnac, é o profundo estudo das suas admiráveis criações cômicas, os Alcestes, as Filamintas, os Harpagons.

["Ao Acaso", *Diário do Rio de Janeiro*,
22 de novembro de 1864]

[Gonçalves Dias] Morreu no mar — túmulo imenso para o seu imenso talento.

["Ao Acaso", *Diário do Rio de Janeiro*,
29 de novembro de 1864]

É o Sr. Bernardo Guimarães um poeta verdadeiramente nacional; a sua musa é brasileira legítima; essa nacionalidade, porém, não se traduz por um alinhavo de nomes próprios, nem por uma descrição seca de costumes.

[*Diário do Rio de Janeiro*, 31 de agosto de 1865]

Estudando profundamente a língua e os costumes dos selvagens, obrigou-se o autor [José de Alencar] a entrar mais ao fundo da poesia americana; entendia ele, e entendia bem, que a poesia americana não estava completamente achada; que era preciso prevenir-se contra um anacronismo moral, que consiste em dar ideias modernas e civilizadas aos filhos incultos da floresta. O intuito era acertado; não conhecemos a língua indígena; não podemos afirmar se o autor pôde realizar as suas promessas, no que respeita à linguagem da sociedade indiana, às suas ideias, às suas imagens; mas a verdade é que relemos atentamente o livro do Sr. José de Alencar, e o efeito que ele nos causa é exatamente o mesmo a que o autor entende que se deve destinar o poeta americano; tudo ali nos parece primitivo; a ingenuidade dos sentimentos, o pitoresco da linguagem, tudo, até a parte narrativa do livro, que nem parece obra de um poeta moderno, mas uma história de bardo indígena, contada aos irmãos, à porta da cabana, aos últimos raios do sol *que se entristece*. A conclusão a tirar daqui é que o autor houve-se nisto com uma ciência e uma consciência, para as quais todos os louvores são poucos.

["Semana Literária", *Diário do Rio de Janeiro*, 23 de janeiro de 1866]

Como poeta humorístico, [Álvares de] Azevedo ocupa um lugar muito distinto. A viveza, a originalidade, o chiste, o *humour* dos versos deste gênero são notáveis. Nos "Boêmios", se pusermos de parte o assunto e a forma, acha-se em Azevedo um pouco daquela versificação de Dinis [Antônio Dinis da Cruz e Silva], não na admirável cantata de *Dido*, mas no gracioso poema do "Hissope".

[*Diário do Rio de Janeiro*,
26 de junho de 1866]

Tive um antecessor ilustre, apto para este árduo mister, erudito e profundo, que teria prosseguido no caminho das suas estreias, se a imaginação possante e vivaz não lhe estivesse exigindo as criações que depois nos deu. Será preciso acrescentar que aludo a V. Exa.?

[Carta aberta a José de Alencar, *Correio Mercantil*,
1º de março de 1868]

[a imaginação] tem suas regras, o estro leis, e, se há casos em que eles rompem as leis e as regras, é porque as fazem novas, é porque se chamam Shakespeare, Dante, Goethe, Camões.

["Notícia da atual literatura brasileira — Instinto de nacionalidade", *O Novo Mundo*, 24 de março de 1873]

Este último nome [Baudelaire] é um dos feitiços da nova e nossa igreja; e entretanto, sem desconhecer o belo talento do poeta, ninguém em França o colocou ao pé dos grandes poetas; e todavia a gente continua a deliciar-se nas estrofes de Musset, e a preferir *L'Espoir en Dieu*, à *Charogne*. Caprichos de gente velha.

["Notas Semanais",
O Cruzeiro, 7 de julho de 1878]

Que a evolução natural das coisas modifique as feições, a parte externa [da poesia], ninguém jamais o negará; mas há alguma coisa que liga, através dos séculos, Homero e lord Byron, alguma coisa inalterável, universal e comum, que fala a todos os homens e a todos os tempos.

[Carta a Francisco de Castro,
4 de agosto de 1878]

Ao próprio Baudelaire repugnava a classificação de realista — *cette grossière épithète*, escreveu ele em uma nota.

["A nova geração", *Revista Brasileira*,
1º de dezembro de 1879]

Curto era o espaço, pouca a matéria; mas a imaginação de Alencar supria ou alargava as coisas, e com o seu pó de ouro borrifava as vulgaridades da semana.

[Prefácio a *O guarani*, julho de 1887]

Não importa, pois, que os destinos políticos de Joaquim Serra hajam desmentido dos seus méritos pessoais. A história destes últimos anos lhe dará um couto luminoso. Outrossim, recolherá mais de uma amostra daquele estilo tão dele, feito de simplicidade e sagacidade, correntio, franco, fácil, jovial, sem afetação nem reticências. Não era o *humour* de Swift, que não sorri, sequer. Ao contrário, o nosso querido morto ria largamente, ria como Voltaire, com a mesma graça transparente e fina, e sem o fel de umas frases nem a vingança cruel de outras, que compõem a ironia do velho filósofo.

["Joaquim Serra", *Gazeta de Notícias*,
5 de novembro de 1888]

Nenhum escritor teve em mais alto grau a alma brasileira. E não é só porque houvesse tratado de assuntos nossos. Há um modo de ver e de sentir, que dá a nota íntima da nacionalidade, independente da face externa das coisas.

[Discurso pronunciado na cerimônia do lançamento da pedra fundamental da estátua de José de Alencar em 12 de dezembro de 1891]

Que é hoje senão o dia aniversário natalício de Shakespeare? [...] Miremos este grande homem; miremos as suas belas figuras, terríveis, heroicas, ternas, cômicas, melancólicas, apaixonadas, varões e matronas, donzéis e donzelas, robustos, frágeis, pálidos, e a multidão, a eterna multidão forte e movediça, que execra e brada contra César, ouvindo a Bruto, e chora e aclama César, ouvindo a Antônio, toda essa humanidade real e verdadeira. E acabemos aqui; acabemos com ele mesmo, que acabaremos bem. *All is well that ends well.*

["A Semana", *Gazeta de Notícias*, 23 de abril de 1893]

Um dia, quando já não houver Império Britânico nem República Norte-Americana, haverá Shakespeare; quando se não falar inglês, falar-se-á Shakespeare.

["A Semana", *Gazeta de Notícias*, 6 de abril de 1896]

E Musset? Quantas obras de fôlego se escreveram no seu tempo que não valem as *Noites* e toda a juventude de seus versos, entre eles este, que vem ao nosso caso:

Mon verre n'est pas grand, mais je bois dans mon verre.

Taça pequena, mas de ouro fino, cheia de vinho puro, vinho de todas as uvas, gaulesa, espanhola, italiana e grega, com que ele se embriagou a si e ao seu século, e aí vai embriagar o século que desponta.

["A Semana", *Gazeta de Notícias*, 27 de dezembro de 1896]

Histórias sertanejas dão acaso não sei que gosto de ir descansar, alguns dias, da polidez encantadora e alguma vez enganadora das cidades. Varela sabia o ritmo particular desse sentimento; Gonçalves Dias, com andar por essas Europas fora, também o conhecia; e, para só falar de um prosador e de um vivo, Taunay dá vontade de acompanhar o Dr. Cirino e Pereira por aquela longa estrada que vai de Sant'Ana de Paranaíba a Camapuama, até o leito da graciosa Nocência.

["A Semana", *Gazeta de Notícias*,
14 de fevereiro de 1897]

Leopardi é um dos santos da minha igreja, pelos versos, pela filosofia, e pode ser que por alguma afinação moral; é provável que também eu tenha a minha corcundinha.

[Carta a Magalhães de Azeredo, 25 de dezembro de 1898]

Nem só éramos moços, éramos ainda românticos; cantava em nós a toada de Gonçalves Dias, ouvíamos Alencar domar os mares bravios da sua terra, naquele poema em prosa que nos deixou, e Álvares de Azevedo era o nosso aperitivo de Byron e Shakespeare. De Garrett até as anedotas nos encantavam. Cá chegavam por cima dos mares o eco dos seus tempos verdes e maduros, os amores que trouxera, a amizade que eles e a poesia deram e mantiveram entre o poeta luso e o nosso Itamaracá, o pico dos seus ditos e finalmente as graças teimosas dos seus últimos anos.

["Garrett", *Gazeta de Notícias*,
4 de fevereiro de 1899]

Garrett, posto fosse em sua terra o iniciador das novas formas, não foi copista delas, e tudo que lhe saiu das mãos trazia um cunho próprio e puramente nacional. Pelo assunto, pelo tom, pela língua, pelo sentimento era o homem da sua pátria e do seu século.

["Garrett", *Gazeta de Notícias*, 4 de fevereiro de 1899]

Que hei eu de dizer que valha esta calamidade [a morte de Eça de Queirós]? Para os romancistas é como se perdêssemos o melhor da família, o mais esbelto e o mais valido. E tal família não se compõe só dos que entraram com ele na vida do espírito, mas também das relíquias da outra geração, e, finalmente, da flor da nova. Tal que começou pela estranheza acabou pela admiração.

[Carta a Henrique Chaves, 23 de agosto de 1900]

[...] tenho ainda aquele gesto da mocidade, à qual os poetas românticos ensinaram a amar a Itália; amor platônico e remoto, já agora lembrança apenas.

[Carta a Joaquim Nabuco, 20 de abril de 1903]

Desde cedo, li muito Pascal, para não citar mais que este, e afirmo-lhe que não foi por distração. Ainda hoje, quando torno a tais leituras, e me consolo no desconsolo do Eclesiastes, acho-lhes o mesmo sabor de outrora. Se alguma vez me sucede discordar do que leio, sempre agradeço a maneira por que acho expresso o desacordo.

[Carta a Joaquim Nabuco, 19 de agosto de 1906]

Agora, ao levantar-me, apesar do cansaço de ontem, meti-me a reler algumas páginas do *Prometeu* de Ésquilo, através de Leconte de Lisle; ontem entretive-me com *Fedon* de Platão, também de manhã; veja como ando grego, meu amigo.

[Carta a Mário de Alencar, 21 de janeiro de 1908]

Sobre o verso solto [...] não pode ter senão os meus aplausos. Sabe como aprecio este verso nosso, que o gosto da rima tornou desusado; é o verso de Garrett e de Gonçalves Dias, e ambos, aliás, sabiam rimar tão bem.

[Carta a Mário de Alencar, 21 de janeiro de 1908]

Estou passando a noite a jogar paciências; o dia passei-o a reler a *Oração sobre a acrópole* [de Ernest Renan] e um livro de Schopenhauer.

[Carta a Mário de Alencar, 6 de agosto de 1908]

[...] hoje à tarde, reli uma página da biografia do Flaubert; achei a mesma solidão e tristeza e até o mesmo mal, como sabe, o outro...

[Carta a Mário de Alencar, 29 de agosto de 1908]

Frases ao acaso

[...] qual foi a verdade nova que ainda não encontrou resistências formais? Colombo andou mendigando uma caravela para descobrir este continente; Galileu teve de confessar que a única bola que girava era a sua.

["História de Quinze Dias", *Ilustração Brasileira*,
1º de agosto de 1876]

[...] o coice, que no cavalo é uma perversidade, no burro é um argumento, *ultima ratio*.

["História de Quinze Dias", *Ilustração Brasileira*,
15 de agosto de 1876]

Não se demonstra uma cocada, come-se. Comê-la é defini-la.

["Notas Semanais", *O Cruzeiro*, 2 de junho de 1878]

Se achares três mil-réis, leva-os à polícia; se achares três contos, leva-os a um banco.

["Notas Semanais", *O Cruzeiro*,
7 de julho de 1878]

Os sapateiros não fariam mais sapatos, se acreditassem que todos iam nascer com pernas de pau.

["Balas de Estalo", *Gazeta de Notícias*,
24 de março de 1885]

Pela minha teoria, as ideias dividem-se em três classes, umas votadas à perpétua virgindade, outras destinadas à procriação, e outras que nascem já de barriga.

["A Semana", *Gazeta de Notícias*,
22 de maio de 1892]

Não é só o inferno que está calçado de boas intenções. O céu emprega os mesmos paralelepípedos.

["A Semana", *Gazeta de Notícias*,
5 de junho de 1892]

Creiam-me, não há problemas insolúveis. Tudo neste mundo nasce com a sua explicação em si mesmo; a questão é catá-la.

["A Semana", *Gazeta de Notícias*,
12 de junho de 1892]

Grande consolação é persuadir-se um homem de que os outros são asnos.

["A Semana", *Gazeta de Notícias*,
14 de agosto de 1892]

Não há curandeiros, há médicos sem medicina, que é outra coisa.

["A Semana", *Gazeta de Notícias*, 11 de dezembro de 1892]

[...] o homem é carnívoro. Deus, ao contrário, é vegetariano.

[“A Semana”, *Gazeta de Notícias*, 5 de março de 1893]

Que é o amor mais que uma guerra, em que se vai por escaramuças e batalhas, em que há mortos e feridos, heróis e multidões ignoradas? Como os outros bombardeios, o amor atrai curiosos.

[“A Semana”, *Gazeta de Notícias*, 12 de novembro de 1893]

Quando a gente não pode imitar os grandes homens, imite ao menos as grandes ficções.

[“A Semana”, *Gazeta de Notícias*, 19 de novembro de 1893]

O inferno é um hospício de incuráveis.

[“A Semana”, *Gazeta de Notícias*, 18 de fevereiro de 1894]

As pequenas dívidas são aborrecidas como moscas. As grandes, logicamente, deviam ser terríveis como leões, e são mansíssimas.

[“A Semana”, *Gazeta de Notícias*, 11 de março de 1894]

Se vos disserem que é vezo de todas as doutrinas deste mundo darem-se por salvadoras e definitivas, acreditai e afirmai que sim, excetuando sempre a nossa, que é a única definitiva e verdadeira. Amém.

[“A Semana”, *Gazeta de Notícias*, 23 de setembro de 1894]

A loucura é uma dança das ideias. Quando alguém sentir que as suas ideias saracoteiam, arrastam os pés, ou

dão com eles nos narizes umas das outras, desconfie que
é a polca ou o cancã da demência. Recolha-se a uma
casa de saúde.

["A Semana", *Gazeta de Notícias*, 24 de novembro de 1895]

O homem nasceu simples, diz a Escritura; mas ele mesmo é
que se meteu em infinitas questões.

["A Semana", *Gazeta de Notícias*, 19 de janeiro de 1896]

As injúrias devolvidas intactas não ferem. Algumas vezes
arredam-se com a ponta da bota, ou deixam-se cair no tapete da sala; mas a melhor fórmula é devolvê-las intactas.
A ponta da bota é um gesto, a queda no tapete é desprezo,
mas para injúrias menores. A última fórmula de desdém, a
mais enérgica, é devolvê-las intactas. Quem inventou este
modo de correspondência, está no céu.

["A Semana", *Gazeta de Notícias*, 17 de maio de 1896]

Em si mesma, a loucura é já uma rebelião. O juízo é a ordem, é a Constituição, a justiça e as leis.

["A Semana", *Gazeta de Notícias*, 17 de janeiro de 1897]

A imaginação de Eva fê-la escutar sem nojo um animal tão
imundo como a cobra, e a poesia de Adão é que o levou a
amar aquela tonta que lhe fez perder o paraíso terrestre.

["A Semana", *Gazeta de Notícias*,
31 de janeiro de 1897]

Visões valem o mesmo que a retina em que se operam.

["O velho Senado", *Revista Brasileira*, 1898]

A vantagem dos míopes é enxergar onde as grandes vistas não pegam.

["Crônica", *Gazeta de Notícias*,
11 de novembro de 1900]

Fontes consultadas

OBRAS DE MACHADO DE ASSIS

Falenas. 1. ed. Rio de Janeiro: B. L. Garnier, 1870. Disponível em: <http:// www.brasiliana.usp.br/handle/ 1918/ 00210100 #page/7/mode/1up>. Acesso em: 14 abr. 2016.

Americanas. 1. ed. Rio de Janeiro: Garnier, 1875. Disponível em: <http://www.brasiliana.usp.br/bitstream/handle/1918/00200800/002008_COMPLETO.pdf>. Acesso em: 02 maio 2015.

A Semana — Crônicas (1892-1893). Edição, introdução e notas de John Gledson. São Paulo: Hucitec, 1996.

Correspondência de Machado de Assis. 5 tomos. Coordenação e orientação Sergio Paulo Rouanet; reunida, organizada e comentada por Irene Moutinho e Sílvia Eleutério. Rio de Janeiro: Academia Brasileira de Letras, 2008-15.

Machado de Assis: Do teatro. Textos críticos e escritos diversos. Organização, estabelecimento de texto, introdução e notas de João Roberto Faria. São Paulo: Perspectiva, 2008.

Comentários da semana. Organização, introdução e notas de Lúcia Granja e Jefferson Cano. Campinas: Editora da Unicamp, 2008.

Notas semanais. Organização, introdução e notas de John Gledson e Lúcia Granja. Campinas: Editora da Unicamp, 2008.

Bons dias! Introdução e notas de John Gledson. 3. ed. Campinas: Editora da Unicamp, 2008.

O Espelho. Organização, introdução e notas de João Roberto Faria. Campinas: Editora da Unicamp, 2009.

História de quinze dias. Organização, introdução e notas de Leonardo Affonso de Miranda Pereira. Campinas: Editora da Unicamp, 2009.

Papéis avulsos. Introdução de John Gledson; notas de Hélio Guimarães. São Paulo: Penguin Classics Companhia das Letras, 2011.

História de quinze dias, história de trinta dias — crônicas de Machado de Assis — Manassés. São Paulo: Editora Unesp, 2011.

Machado de Assis: Crítica literária e textos diversos. Organização de Sílvia Maria Azevedo, Adriana Dusilek, Daniela Mantarro Callipo. São Paulo: Editora Unesp, 2013.

Crônicas escolhidas. Seleção, introdução e notas de John Gledson. São Paulo: Penguin Classics Companhia das Letras, 2013.

SITES

http://www.machadodeassis.net

Machado de Assis em Linha — Revista Eletrônica de Estudos Machadianos
http://machadodeassis.fflch.usp.br

Hemeroteca Digital Brasileira
http://bndigital.bn.br/hemeroteca-digital

Esta obra foi composta em Sabon por Alexandre Pimenta
e impressa em ofsete pela Geográfica sobre papel Pólen Soft
da Suzano Papel e Celulose para a Editora Schwarcz
em outubro de 2017

A marca FSC® é a garantia de que a madeira utilizada na fabricação do papel deste livro provém de florestas que foram gerenciadas de maneira ambientalmente correta, socialmente justa e economicamente viável, além de outras fontes de origem controlada.